講談社選書メチエ
567

ベルクソン＝時間と空間の哲学

中村 昇

MÉTIER

はじめに

われわれはなぜ生きているのか。この問に答えられない哲学は無意味だとおもう。この問から出発して、わたしは哲学という道にはいったはずだ。それなのに、いつまでたっても答が手にはいらない。いったいこれは、どういうことなのか。この問から出発したわたしにとって、哲学の「研究」などというものが、そもそも存在していいのだろうか。他人の文献をじっくりよみ周到に議論をして何がえられるというのだろう。たしかに哲学書を読むことによって、何かしらのもの(たとえば哲学史や、哲学者の体系にかんする知識)はえられるだろう。さらに、それをもとにした議論はそれなりに興味ぶかいし、必要なことなのかもしれない。ただ、それがたんなるゲームであることは否定できないだろう。いまだにわたしが、このゲームをしているのはたしかだ。それどころか、生業《なりわい》にまでしてしまっている。しかし、これらのことは、わたしが最初に発した根源の問いかけとは何の関係もない。ただの空虚な作業なのではないか。

「われわれはなぜ生きているのか」という問からわたしは出発したにもかかわらず、それが存在論に、認識論に、言語論になり、始原の問は雲散霧消してしまった。その問がなければ、哲学などという領域には足をふみいれなかったはずなのに、そこでいろんなことをしているうちに、もともとの問をすっかり忘れてしまう。まるでちがった、どうでもいい(とはかならずしもいえないかもしれないが）議論の泥沼にはいりこむ。この構造を「出発点忘却の誤謬」とでもよぼう。わたしが、この誤謬をおかしていることはあきらかだ。なぜなのだろうか。そもそも、この誤謬を回避することは可能なのか。わたしがゆっくり落ちていったこの陥穽《かんせい》にどう対処したらいいのか。これは、いかんともしがたい必然的な落とし穴なのだろうか。あるいは、わたしだけの誤謬なのか。いや、誤謬でもなんでもないのか。つまり、誤謬などということ自体が誤謬なのか。

本書は、ベルクソンの「純粋持続」という概念についてかんがえる。「純粋持続」あるいは「持続」は、この哲学者にとって一貫してもっとも枢要な概念だった。この概念が、いまのべた問とどのようにかかわっているのかはわからない。もし、なんの関係もないのなら、ベルクソンの哲学も、わたしにとっては、まったく無意味だということになるのかもしれない。そのことをたしかめたいとおもう。それに、いくらベルクソンを読みかえしても、じつは、わたし自身この概念がよくわからないのだ。「持続」が革新的な概念であるということはもちろんわかる。この概念から出発すれば、世界の見方が一新されるのもじゅうぶん納得できるだろう。しかし、「純粋持続」が、本当のところはいったい何を意味しているのか。そんなものがそもそもあるのか。それを認識することが、われわれにできるのか。こんな肝心なことが、結局わたしにはいまだにわからない。だから本書で、「純粋持続」そして「持続」についてかんがえてみたいのである。

西洋の哲学者のなかで、だれが一番好きかと問われれば、ためらうことなく「ベルクソン」と即答するだろう。わたしが哲学の手ほどきをしてもらったのは、この哲学者によってだった。高校時代にベルクソンの『思想と動くもの』（当時は、岩波文庫から三分冊ででていた）を読み、深く震撼《しんかん》させられた。世界にひとりで対峙《たいじ》し一歩も退かず、その複雑で難解な対象を解明していく。しかも、自然科学とも宗教とも、もちろん神秘思想ともことなった仕方で。なんて明晰な人だろうと目を瞠《みは》らされる思いで夢中で読んだ記憶がある。こんなにも困難な問題を、どうしてこれほどわかりやすく語ることができるのだろう。ものごとを正面からとらえ、冷静にその対象をじっくり料理していくベルクソン。ことこと丁寧にスープを煮こみながら、それを背に見事な包丁捌《さば》きで魚をさばく。味つけである文章も絶品だった。これは、たいへんな人だとおもった。

それ以来ベルクソンは、わたしにとってもっとも大切な哲学者になった。その主著をじっくり読み、大きな影響をうけた。だから大学院で西洋哲学を専攻することに決めたとき、この人だけは最後にとっておこうとかんがえた。好きな一品は食べずにのこす。あたり前だ。この人は、本当のことを知っているにちがいないとおもったから、この哲学者のいっていることが信用できなければ、西洋哲学史はすべてだめだろうと勝手にかんがえてもいた。いまでも、この直観はさほどちがっていないとおもっている。だから「研究」の対象にだけは絶対にしたくないとかんがえたのだ。

このように、わたしの西洋哲学とのつきあいが、ベルクソンからはじまったことはたしかだし、この哲学者によってものの見方を身につけたともいえるだろう。強引な図式化をすれば、いまのわたしは、ベルクソンによって西洋哲学の世界にはいったにもかかわらず、それをなかば忘れ、ほかの(「どうでもいい」とまではいわないにしろ)問題に夢中になっている。つまり、ここでも「出発点忘却の誤謬」をおかしているということになりはしないか。ベルクソンから出発したのに、彼を忘れ重要な問題を回避してしまっている、といった事態にわたしは陥《おちい》っているのではないのか。この本は、この二重の「出発点忘却」を、あらためて修正する試みといえるかもしれない。

ところで、さきの問は、どうすれば解決できるのだろうか。われわれはなぜ生きているのか。そもそも「なぜ」という疑問詞が、この世界のあり方にそぐわないのだろうか。つまり、「なぜ」という問いかけに、われわれの宇宙では、まともに答えることは無理なのか。あるいは、「なぜ」という問には、無限の答が可能なのか。

われわれはなぜ生きているのか。生まれたから、両親がいたから、人類が誕生したから、ビッグバンがおこったから、苦しみの人生を送るため、さまざまな経験をするため、神のゲームだから、などなど。なぜ「なぜ」という疑問詞をわれわれはもっているのか。なぜ「なぜ」という問には、まともな答が期待できないのか。なぜ「なぜ」という問いかけは、どこまでもつづくのか。

しかし、この問を「出発点」などといえるのだろうか。たしかに哲学の出発にはなるだろう。このような問にとりつかれなければ、なかなか哲学などという特殊な分野に首をつっこむことはないだろうから。だがこの問は、生まれたてのわれわれには縁のない問いかけだ。われわれは、わけもわからずこの世界に投げだされる（生まれる）のだから。生まれてすぐ、「われわれはなぜ生まれたのか」と問う嬰児《えいじ》はいない。あきらかにわれわれの出発点は、受動的で意味不明の誕生だ。ところが、われわれは「なぜ」か、この世界のゲームを否応なく日々つづけざるをえない。不思議なことにそのうち、ほとんどの人がこのゲームに慣れてくる。そして最後は死ぬ。いや「殺される」。

このような事態を「不条理」とよんだ文学者がいた。不条理とは、いったいなんだろうか。一言でいうと、この人生の意味がかいもくわからないということだろう。「なぜ、われわれは生きているのか」という問に、誰もが納得できる答をだすことができないということだ。理屈がわからないままにとにかく生きていかなければならない。この感覚が、不条理の感覚だといえるだろう。カミュが『シーシュポスの神話』でいっていたことも、理屈に合わないこと（完全に無駄なこと）をしなければならないという、この不条理の感覚だ。

ただ、われわれ人間が、この人生は不条理というとき、いくつか確認しておかなければならない点がある。まず、「人生が不条理」という認識が可能になるということは、その認識をしている主体は、「条理」つまり論理的な認識ができているということだ。こちら側（認識主体）が、条理（論理）的だからこそ、人生を「不条理」と認識できる。たとえば、われわれ以外の動植物は、自分の生を不条理だとかんがえるだろうか。おそらくそんなことはかんがえずに、日々生きているのではないか（たしかなことは、もちろんわからないけれども）。

ということは、人生の構成要素すべてが不条理というわけではないということになるだろう。もちろん、こちら側の（人間だけがもっている）論理が、どのようなものかはわからない（論理学で体系化されたようなものも、その一部にふくむのかもしれない）。ここで少なくとも確認できるのは、人生が「不条理」（論理的にかんがえて納得できるものではない）ということを認識できるという点で、われわれの側はある程度論理的だということだ。ようするに、「不条理」という概念が成立するためには、その対立概念である「条理（論理）」も、この世界になければならないということである。

しかし、こういう反論もありえるだろう。そのような世界内部の「論理性」そのものもふくめて、この世界の存在自体の意味が不明なのだ。それを「不条理」といっているわけだから、そのような

「論理」が世界内部に存在しようとしなかろうと、この世界の「不条理」というあり方には、一向に影響を与えない、と。その通りかもしれない。ただ、この世界に同じように存在するほかの動植物は、「不条理」を（おそらく）感じないわけだから、われわれがもっている「論理性」には、なにか重要な役割があるのではないか。

もう一点、「不条理」を論じるとき確認しておきたいのは、「生きることの前進性」とでもいえることだ。われわれの人生は、問答無用に進んでいく。それを止めることはできない。このことを「人生の前進性」とでも名づけよう。突き進んでいく日常を止めて、その意味をかんがえることはできないという状態に、われわれは生まれるとすぐに陥ってしまう、否も応もなしに。現実は、つねに変動しつづけ、時間は容赦なくすぎていく。この世界を不条理だとかんがえる瞬間も、あっという間に消えてつぎの瞬間にたちどころに移っていく。不条理という感覚が、間断なくつづくわけではない。それに、不条理という感覚をこの世界の外側から客観的に感じるなどということもできない。つねに世界の内部で、そのつど生きていくしかない。

ようするにわれわれは、黙って何もしなくても、あるいは、じたばたしても、とりあえず（あるいは、無理やり）生きていく存在だ。一瞬一瞬どのように生きるのか決断したり、「生きるか、死ぬか」という選択をしたりしながら生きているわけではない。自然と生きてしまっている存在が、人間（だけとはかぎらないが）だといえるだろう。この状態も、人生の不条理を構成する要因ではないのか。なぜなら、われわれは、生きる意味の有無とはかかわりなく、無理やり生きていかざるをえないからだ。

このゲームに意味をみいだそうとすること自体が、ルール違反なのだろうか。ここでは、ちがった角度からの「出発点忘却の誤謬」があるのではないのか。受動的で意味不明の状態で生まれた（出発点）にもかかわらず、生存のルールに慣れてきて、その受動性と意味を問題にしはじめ「われわれはなぜ生きているのか」などという意味のない問に背後から襲われる、といった誤謬が。つまり、もともとわかっていなかったのだから、ある程度の年齢になってから、じたばたしてもはじまらないではないか。もし、われわれに何かがわかるとしたら、うまれてすぐ、その可能性だけでもあってしかるべきではないのか、ということである。

しかし、それらのことも、結局われわれに「条理性」がそなわっているからいえるのではないのか。もし、「条理性」がなければ、そんなまわりくどいことも、あるいは何にもかんがえずに日々生きていけたのではないか。われわれに「条理性」がそなわっていることこそが、もっとも不条理なことなのではないのか。このようにかんがえれば、最初からなにもわからないし、意味などというものは、どこにもみいだせないのではないか。ようするに、終始一貫なにもかもわからないということだ。

以上のような地点から「出発」して、ベルクソンとともに「持続」について、かんがえていきたいとおもう。だから本書は、「純粋持続」または「持続」という概念、あるいは、ベルクソン哲学一般といったほうがいいのかもしれないが、それらが、どのようなものなのかという問の答が存在するであろう地点をまずはめざす。

そしてさらに、その概念や哲学が、「われわれはなぜ生きているのか」という問とどのように切り結ぶのか、という問にたいする答があらわれる一点（それが、あらわれればの話だけれども）をめざしたいとおもう。

目次

第一章　ベルクソンの哲学

1. 補助点としての〈わたし〉

ベルクソンの「持続」を理解するために、補助線ならぬ補助点をまずはうってみよう。〈わたし〉という点である。この〈わたし〉というのは、なんとも不思議な点だ。いろいろなことがおこっていることの世界に、わたしたちが接触するためには、どうしても必要なのである。〈わたし〉というあり方をしないと、だれもこの世界には登場できないからだ。だが、それは、「からだ」とよばれているものではない。

〈わたし〉には、からだが伴っているのだから、そのからだを〈わたし〉とよんでもいいかもしれない。しかし、からだは、〈わたし〉ではないだろう。からだは、ここにあるのに、〈わたし〉は、大気圏を脱出することができるし、アフリカ大陸をさまようことだってできる。〈わたし〉の思考や想像は、からだをはるかに超えていく。たしかに、からだが移動すれば、〈わたし〉も移動するし、からだの一部である感覚器官が不調であれば、〈わたし〉にもいろいろ不都合がおこる（ような気がする）。しかし、それでも〈わたし〉は、からだとはことなるあり方をしているのではないか。

いや、いまの説明では、いいたいことが伝わっていない。〈わたし〉の思考や想像もふくめて、この世界に存在するもの、からだも脳も思考も想像もなにもかも、〈わたし〉の前で展開されているもの一切合財《いっさいがっさい》、その背後に〈わたし〉という点がある、といいたいのである。その点は、透明で面積のない窓のようなものだ。ようするに、この窓は、世界とつながるただひとつの点だといえるだろう。

　この窓がなければ、世界の風景をみることはかなわないし、自分自身の身体も思考もなにもかも手にすることはできない。それがなければ、あらゆることが、まったくの無になるような点。これが〈わたし〉だといいたいのだ。しかし、ここまでくるとこれはもう〈わたし〉とはよべないだろう。からだも思考も想像も、それを背景にしてあらわれるのだから、それはもはや〈わたし〉ではなく、いわば〈わたし〉の裏面のごときものだろう。ただ、この裏面も〈わたし〉という表面がなければありえないのだから（表裏は、かならず一体だから）、あるいは、「表裏」などと表現できるものではないのだから、とりあえず〈わたし〉とよんでおこう。

　スクリーンいっぱいに、さまざまな出来事が展開されていく。それをじっとこちら側からみている。そこには、自分はもちろん登場しない。そのスクリーンが、世界という舞台で、観客が〈わたし〉ということになる。たしかにこの観客席は移動するが、スクリーンと観客席の関係はけっしてくずれない。つねに〈そこ〉からみつづけている。このようなあり方を〈わたし〉はしている。

　しかし、この比喩は危険だ。このようなあり方を〈わたし〉は、けっしてしていないからだ。〈わたし〉には裏面も背面もなく、そもそも〈わたし〉は〈わたし〉としてたしかめられることは絶対にない。〈わたし〉をたしかめるのは、当の〈わたし〉なのだから。だから、〈わたし〉は〈わたし〉ではない。かくにんされた〈わたし〉という点は、過去の変質した〈わたし〉にすぎない。〈わたし〉

が、〈わたし〉をみることはけっしてできない。眼によって眼をみることはできないし、鼓膜によって鼓膜自身の音をきくことはできないのだから。

　さてそうなると、この〈わたし〉は、世界の進行そのものだということになるだろう。進行している世界、この世界があるからこそ、そこから逆算して推測できる裏面（のようなもの）。それが〈わたし〉ということになる。背後にはけっしてまわることのできない〈ここ〉だ。そこで世界と〈わたし〉が、一体になっているといえるだろう。

　ウィトゲンシュタインは、『論理哲学論考』（一九二一年）において、以下のような特異な独我論を提示した。

5.631　思考し表象する主体は存在しない。

5.632　主体は世界に属さない。それは世界の限界なのだ。

5.633　世界のなかのどこに形而上学的な主体が認められうるのか。
　これは、眼と視野との場合とまったくおなじだ、と君は語るだろう。しかし、現実には、君は眼をみない。
　そして、視野における何ものからも、それが眼によってみられていることは推測できない。
（強調ウィトゲンシュタイン）

5.64　独我論が厳密に貫徹されると、純粋な実在論と合致することが、ここでみてとれる。独我論の自我は、大きさのない点へと収縮し、そして自我に対応する実在がのこるのだ。

つまり、この世界における〈わたし〉は、透明な裏面、あるいは、透きとおった枠組にすぎない。そうなると事態は、実在論がかんがえる世界となんら変わらないのである。たしかに、〈わたし〉という点があるから世界が進行していくようにみえはする。森羅万象どんなものでも、〈ここ〉（人であれば、〈わたし〉）からしか世界の情景はみえないのだから。なにしろ、この世界には〈わたし〉とよばれる地点（つまりは、〈ここ〉に）しか、たしかなものは存在せず、〈そこ〉以外には世界はない。〈わたし〉以外のものになった人はいないし、〈ここ〉以外にたった人もいない（はずだ）。

もちろん世界のなかには、幾種類もの存在が活動し、それぞれ独自のあり方をしている。しかしながら、この〈わたし〉〈ここ〉以外の視点にたつことは、どの存在も絶対にできないのだから、〈わたし〉というあり方だけがある、というわけだ。そして、その〈わたし〉こそ世界の中心であり、出発点であり終着点なのだ。この世界には、無数の〈わたし=世界〉しか存在しない。だからといって、この〈わたし=世界〉をたしかめるすべは、残念ながらない。だから、いまみている通常の世界となにも変わらない。つまりは実在論とまったくおなじだということになる。

しかし、もし「純粋な実在論」と「厳密な独我論」とが「表裏一体」なのであれば、なぜ、「表面」が最終的にのこり、「裏面」が消えさるのか。おなじものなのであれば、「裏面」がのこり、「表面」が消えてもいいのではないか（もちろん、そのとき「表裏」という比喩は反転するだろうが）。なぜ無である〈わたし〉がのこり、実在である〈世界〉が消えないのか。さらにこの問は、懐かしい問にかかわるだろう。ようするにこの問は、こういいかえてもいいのではないか。なぜ世界は、無ではなく存在しているのか。

いっぽう、ベルクソン自身は、〈わたし〉について、どのようにかんがえていたのだろうか。よく知られているように『意識に直接与えられているものについての試論』（以下『試論』と略記）のなかでは、表層と深層のふたつの「自我」が指摘された。わたしたちが、はっきり意識して生活しているとき、外界のさまざまな事物をくっきり区別された対象として認識するように、われわれの意識もそれに対応して分節化されているという。そして、この表面的自我から自身の深層にもぐっていくとき、純粋に内的な意識があらわれる。つまり「純粋持続」があらわれるのだ。

ベルクソンは、つぎのようにいう。


ところが、わたしたちが意識の深奥によりいっそう進入していけばいくほど、この表象（表面的自我のはたらき——引用者）の記号的性格がだんだんと際立ってくる。つまり、内的自我、感じたり熱中したりする自我、熟慮したり決断したりする自我は、その諸状態と変容が内的に相互浸透しあう力であるが、それらの状態を相互に分離して空間のなかで繰りひろげようとするやいなや深甚《しんじん》な変質をこうむってしまう。だが、このより深い自我もほかならぬ表面的な自我と唯一のおなじ人格をつくりあげているのだから、必然的におなじ仕方で持続しているようにみえる。（DI93 *Essai sur les données immédiates de la conscience*〔邦題『意識に直接与えられているものについての試論』あるいは『時間と自由』など〕p.93＝以下 DI と略記）

おなじ持続を共有してはいるが、表面の部分と深い部分とでは、ことなったあり方をしているという。多様な持続が、「自我」のさまざまな側面をなしている。このような「自我」こそ、ベルクソンのいう「持続」がもっともはっきりあらわれているところであり、ある意味でここそが、「持続の相の下で」すべての事象をかんがえる、彼の哲学の出発点ともいえよう。
『精神のエネルギー』（「心とからだ」）においては、つぎのようにいっていた。

では、自我（moi）とはなんだろうか。まちがっているにせよ正しいにせよ、それは自分のからだからあらゆる方向にあふれでて、空間的にも時間的にもからだを超えているもののようにおもわれる。（中略）ようするに、時間において現在の瞬間に閉じこめられ、空間において特定の場所にかぎられ、自動的にはたらいて外部からの影響に機械的に反応するからだとはべつに、空間におけるからだよりはるか遠くに拡がり、時間をつらぬき持続するなにものかを、わたしたちはここでとらえている。それは、予測される自動的な運動ではなく、予測できない自由な運動を、からだに要求し強制する。からだからあらゆる方向にあふれだし、みずから新たに生じることによって行為を創っていくこうしたものが、「われ」であり「魂」であり精神なのだ。（ES30－31　*L'énergie spirituelle*〔邦題『精神のエネルギー』〕pp.30－31＝以下ESと略記）

からだとは同一視できない、それを超えたものであり、みずからを創造しつづけるものが、ベルクソンのいう「われ」である。「われ」は、持続そのものでありたえまない創造行為ということになるだろう。しかも、その創造行為とは、「予測不可能で自由な運動をからだに要求し強制」するものなのだ。「われ」とは、あらゆる方向にあふれていく予想も制御もできないものなのである。

最後に『思想と動くもの』から引用してみよう。

> 自我（personnalité）がなんらかの統一をもつのは、たしかだ。しかし、そういっただけでは、自我というこの統一のとてつもない性質についてはなにもわからない。自我（moi）が多様であるというなら、わたしはこれもまた同意する。しかし、これは、ほかのどんな多様ともなにひとつ共通点をもたないような多様であることをしっかり認めなければならないだろう。哲学にとって本当に大切なことは、自我の多様な統一とはどんな統一であり、どんな多様であるのか、抽象的な一や多様をこえたどんな実在であるかを知ることである。そして哲学は、自我（moi）による自我の単純な直観を把握しないかぎり、それを知ることはできないだろう。（PM197 *La Pensée et le mouvant*〔邦題『思想と動くもの』〕p.197＝以下PMと略記）

ここでも、「自我」は特別なものであり、その性質（「多様的統一」）を解明するのが、哲学にとって「本当に大切なこと」だといっている。ベルクソンにとって、「自我」がどれほど重要なものか、これでわかるだろう。しかし、ここには大きな問題をふくむ一文がある。「自我による自我の単純な直観の把握」というのは、どういうことだろうか。そのようなことが可能なのか。「直観」というベルクソンの方法は、本当に成立しているのか。そして、この「自我」や「われ」は、さきほどの〈わたし〉という点とどのようにかかわっているのか。さらに、〈わたし〉と「持続」とは、どう関係しているのか。

これらの問題を、この点（「無」ともいえるだろうし、「裏面」ともいえるかもしれないもの）を意識しながら、それを補助点としてかんがえていきたい。

2. きこえてくるせかい

目をとじてじっと耳をすましてみよう。そこには、どういう世界があらわれてくるだろうか。左の奥の方から、自動車のすべるような音、ごく近くでは台車がうごき、うしろからは人びとの話し声がきこえる。紙をめくる音がしたかとおもうと、飛行機の轟音《ごうおん》がとどろく。うえの階の足音や突然のクラクション。すべての方向から間断なく音がつづいていく。どの音も固定されず、つぎつぎに微妙にことなる音色をひびかせている。視覚でとらえるときは、この世界は静止していることがおおい。だが、音だけの世界はそうではない。さまざまな音が錯綜しながらつらなっていく。無音のようにおもえるときも、耳の奥では、鼓膜をながれる血液だろうか、クマゼミの鳴き声が途切れなくきこえる。

視覚だけの世界では、ものは固定しているようにみえる。机は机として、本は本として、なんの変化もせずに存在しているかのようだ。でも、ほんの少しかんがえれば、それは、わたしたちの記憶による錯覚であることがわかる。そのつどの机や本は、刻々と変容しつづけているはずなのに、われわれは、それを「おなじ」ものとしてみつづけるだけなのだ。いまの知覚が、その以前の記憶によって覆われているからこそ、机が机として、こちらにみえてくる。もし記憶という覆いがなければ、対象は、そのつどのあり方をこちらにみせてくるだろう。そのときには、「机」などといったわかりやすいものではない異様な正体をこちらに提示することになる。

それにたいして音の世界は、変幻自在なあり方をそのままこちらに伝えていく。ベルクソンは、「持続」というあり方の表現をしばしば聴覚的世界に求めた。いくつかみてみよう。

　ひとつのメロディに耳をかたむけ、それに身をゆだねてみよう。そうすれば、運動体にむすびつかない運動の、または変化するものをともなわない変化の、はっきりとした知覚をわれわれは手にするのではないだろうか。この変化だけで充分だ。それは事物そのものである。そしてこの変化は、どれだけ時間がかかっても不可分なのだ。(PM164)

視覚とちがって、聴覚の対象は、はっきりしたかたちをもたない。視覚の対象が、どちらかといえば、固体(そして個体)的なあり方をしているのにたいし、聴覚のそれは、気体のようなあり方をしている。そのかたちが固定されることはなく、つぎつぎと連続していく。したがって、個体ではなく連続体として、われわれは知覚していく。それが「運動体にむすびつかない運動」「変化するものをともなわない変化」とベルクソンがいっているものだ。音は、外界にたしかに存在する。しかしそれをしっかりとつかむことはできない。ようするに、視覚とちがって聴覚は、触覚との自然な連携ができないというわけだ。だからこそ聴覚には、「流れ」というものが、はっきりとあらわれている。そしてその「流れ」にこそベルクソンは、変化や運動の本質的特徴をみているのだ。聴覚によってとらえられた世界は、連続していて切り刻むことのできない「流れ」をかたちづくっているということになるだろう。

『持続と同時性』のなかでは、つぎのように表現している。

目をとじて、ただそれだけを意識しながらきくメロディは、われわれの内的生の流動性そのものである時間にきわめて近い。しかし、メロディはあまりにおおくの質を、あまりにおおくの規定をまだもっている。そこでまず、音のあいだのちがいを消し、つぎに音そのものの弁別的特徴をなくさなければならない。さらに、つぎにくるものへの先のものの連続、とぎれない推移、切れ目のない多様、たえまない継続のみをのこし、そこで根柢にあらわれる時間に、最後にであわなければならない。これが、じかに知覚された持続であり、それなしには時間のいかなる観念もわたしたちはもたないだろう。(DS41－42　*Durée et Simultanéité*〔邦題『持続と同時性』〕pp.41-42＝以下 DS と略記)

メロディのもつ質、つまりはその恣意性を消しさり、じっとその本質的なあり方だけに耳をかたむけるとき、隠れていた小動物が物陰から姿をみせるように、時間の真相があらわれてくるという。過去がつぎつぎと押しよせてきて、途切れることなくすすみ、分割の手がかりさえあたえてくれないような有機的な持続、これが真の時間だとベルクソンはいうわけだ。持続は、けっして分けることなどできない。そしてこの持続は、われわれの内的な時間の流れであり、それは、わたしたちの意識の誕生より、いままでずっと生きつづけてきたものなのだ。意識があるかぎり、この持続は変容しうごめきながら流動していく。

たたみこむようにベルクソンは、こういう。

　きみは、純粋持続のなかに自分で戻したメロディやその部分を、分割されていないもの、分割できないものとしてみいだすだろう。さて、われわれの意識的生において終始みてとられる内的持続は、このメロディのようなものなのだ。(DS47)

途切れることなく、つづいていく持続は、音楽のように耳に鳴りひびいている。視覚によってとらえられた静止画像ではなく、あらゆる部分がいっときもとどまることのない動画のように、鼓膜を恒常的に振動させているのだ。

それをベルクソンは、独自の観点からの「永遠の現在」だという。

メロディは不可分なものとして知覚され、はじめから終わりまで、もしことばの意味を拡張すれば、永遠の現在というものを構成している。もっとも、この永遠には不動と少しも共通なところはなく、この不可分性には瞬間性と少しも共通なところがないのだが、それは持続する現在のことなのだ。(PM170)

ベルクソンの「永遠の現在」は、しんと鎮まりかえった永遠ではなく、流動し逆巻く永遠である。そこには、瞬間という点的なものは、まったく存在しない。つねに持続し、その持続も同質的なものではなく、フランシス・ベーコンの絵のように間断《かんだん》なく変貌しつづける永遠だ。これを「現在」というのだろうか。大きな問題があるとおもう。

いずれにしろ、ベルクソンがイメージしている「持続」あるいは「時間」のあり方が、漠然とではあれ、つかめただろうか。これから、ベルクソン哲学に欠かせない土台となる概念をひとつずつ検討していく。その土台にのって、最終的に「持続」がどういうものなのか、かんがえていきたい。

3．ことば

ベルクソンが言語を自分の方法から排除したのは有名な話だ。それをはっきり表明しているのは、おおくの人が引用するつぎの文である。

わたしが真の哲学の方法に開眼したのは、内的生命のうちに経験の最初の領野を発見して、ことばによる解決を放棄した日にさかのぼる。（PM98）

つまり、みずからの方法である「直観」を発見し、「純粋持続」にたどりつくことによって、ことばによる解決は捨てさられた、というわけだ。「内的生命」というのは、意識において直接つかむことのできるものであり、「経験の最初の領野」とは「純粋持続」のことであろう。しかし、このことは、ベルクソンが「ことば」そのものを放棄したということは意味していない。なぜなら、この文にひきつづきつぎのようにいっているからだ。

それ以来一切の進歩は、この領野の拡大にあった。ひとつの結論を論理的に拡張し、研究範囲を実際に拡大していないのに、その結論をほかの対象に適用する、というのは、人間精神に自然な傾向であるが、このような傾向にけっして負けてはならない。哲学が純粋な弁証法であるとき、つまり、言語にたくわえられている萌芽《ほうが》的な認識によって形而上学をつくろうとするとき、哲学は、何もかんがえずにこの傾向におぼれてしまう。特定の事実からひきだした結論を、ほかの事物にも適用できる「一般原理」にまつりあげるとき、哲学は依然としてこれとおなじことをしているのだ。（PM98）

ベルクソンが、批判しているのは、あくまでも、ことばのみの原理をうちたて、その原理を、どんな事実にも適用しようとする方法なのだ。この世界をかたちづくる事実は、おのおの分野でことなっている。物理学、生物学、心理学などがあつかう対象は、それぞれちがう。それなのに、おなじ原理によって、それ固有の複雑さをもつ事実を一律に説明してはいけないということなのだ。したがって、ことばそのものを否定しているわけではない。ことばによって複雑な現象を、正確に記述できるといった勘ちがいをしてはいけないといっているのだ。ことばは、どうしても必要だろう。ベルクソン哲学の方法である「直観」もその例外ではない。当然ながらことばがなければならない。ベルクソンもつぎのようにいっていた。

思考の習慣的なはたらきは容易であり、望むだけつづけられる。直観は苦しいものであり、ながくつづきはしない。知的な理解にせよ直観にせよ、おそらく思考はいつも言語をつかっている。そして直観も思考であるかぎり、最後にはなんらかの概念に収まるのだ。(PM31)

このようなベルクソンの言語観をさぐってみよう。まずは、なんといっても『試論』の「はじめに」の冒頭部分(すなわちベルクソン哲学の第一歩)が、彼の言語にたいするかんがえ方を鮮明にあらわしている。

みずからのかんがえをあらわすとき、われわれはかならずことばをつかう。何かをかんがえるとき、たいてい空間のなかでかんがえる。いいかえれば、われわれは、言語をつかっているために、観念相互のあいだに、物質的対象間とおなじように、明瞭で確定された区別をつけ、それらを不連続なものにしてしまうのだ。(DIvii)

ここでは、ことばのもっている性質、どうしても境界をはっきりとつくってしまう性質を指摘している。「人間」ということばを前にするとわれわれは、人間という観念がそれだけで独自に存在しているようにかんがえてしまうし、「山」と口にすれば、山が鮮明な輪郭をもった観念のごときものだとおもう。ことばのもつこの独特のはたらきを指摘し、このはたらきにだまされてはいけないというのが、ベルクソンのいいたいことだ。たしかに、ことばは、われわれが生きているこの状態を、何かはっきりしたものであるかのように表現してしまう。これは、よくかんがえるととんでもないことで、このことによって、おおくの誤解がおこっていることはたしかだ。わたしたちは、この世界のなかで、わかりやすい境界に区切られて生きているわけではない。自分自身の身体と外界との区別もはっきりしていない。刻々とこぼれおちていく細胞やたえまない呼吸など、どこをとっても曖昧な境目しかない。岩だろうが鉄だろうが、徐々に変容しつづけまわりと浸透しあっている。どんなに堅固な固体でも、つねに微細に崩壊していく。

ところが言語は、そういった流動する現実などおかまいなしに、真の意味での「固体」として、そのかたちを変えることはない。「ひとりの人間」という語は、細胞がすっかり入れ替わろうが、容姿がいちじるしく変わろうが、いつまでも「ひとりの人間」であるし、「一冊の本」という語は、いつでもどこでも「本」のままなのだ。ことばは、エントロピーが増大していくこの世界をいっこうにあらわしてはくれない。

ベルクソンはこういう。

言表できないというのは、言語は、それをとらえようとすると、かならずその運動性を固定してしまうことになるからであり、かといってそれを自分のありきたりの形式に順応させようとすると、かならず共通領域のなかにそれを墜落させることになるからである。(DI96)

言語によって、たえず運動しているものを表現してしまうと、その運動は消えてしまう。言語は静物しかえがけない。そして、うごきつづけるその独自のあり方とはことなる一般的な観念へと変質させてしまう。「家」といったとたんに、眼前にある〈その家〉ではなく、「家一般」、つまり、いま世界中に存在し、かつ歴史上存在してきたすべての家、これから建てられるであろう未来の家、あるいは、だれもが観念的に思いうかべるどの家でもない家を意味する。これでは、運動や時々刻々と変化している当のものを指示することは、とうていできない。

さらにつぎのようにもいう。

わたしたちの単純感覚は、自然な状態で考察されるなら、まだそれほど堅固さを示さないだろう。子どもの頃わたしはある種の味や匂いをこのんでいたが、いまでは嫌いになった。ところが、体験された感覚にいまでもおなじ名前をあたえ、あたかも匂いと味はおなじままで、自分の好みだけが変わったかのように語る。つまり、わたしはその感覚をいまだに固定しているわけだ。そして、その感覚が変わることが明らかになり無視できなくなると、わたしはその「変わること」をとりだして、べつに名前をあたえ、それを今度は好みというかたちで固定する。だが、本当は同一の感覚とか多様な好みといったものは存在しない。というのも、感覚も好みも、わたしがそれらを孤立させ、なづけるやいなや、物としてわたしにあらわれるようになるけれども、人間の魂のなかには、ほとんど進行しかないからだ。（DI97－98）

ベルクソンらしいとても明晰な説明だ。つねに変化しつづける感覚（ある種の味や匂い）に名前をつける。たとえば「甘い」となづける。「小さいころは甘いものが好きだったが、いまはそれほどたべなくなった」といったとたんに、〈甘い〉という堅固で変化しないおなじ感覚が、あたかもずっと存在しつづけているように錯覚してしまう。おなじもの（甘いもの）にたいするこちらの態度（好み）が、歳をとるにつれて変化したかのように表現してしまう、というわけだ。ところが、甘さそのものが、実は変化していたのだと気づくと、今度は、その変化に影響されず一貫したこちら側の感覚があるとかんがえ、それを「好み」となづけ固定する。そして「味が変わっただけで、こっちの好みは変わっていない」などという。「甘さ」や「好み」となづけ、その固定されたものが、同一であったり多様であったりするとかんがえてしまうのだ。事実を観察し、「好み」という語にたどりついたはずなのに、「好み」という語が「硬い」ものだから、語から事実を類推する方向が一気にできてしまう。そもそも、そんなふうに固定された「物」は存在しないとベルクソンはいっているのだ。あるのは、たえまのない「進行」だけ。「甘さ」もそのつど変化していくだろう。そうだとすれば「好み」などといえるようなものは、そもそも最初から存在しない。つねに把握することがこのうえなくむずかしい「進行」があるだけなのだ。それは、ことばによっては、けっして表現できないのである。

ことばというのは、やっかいな代物で、それだけで自律してしまう。ことばだけの世界を形成している。事実の世界といっさい接触せずに、さまざまなものをうみだしていく。たとえばベルクソンは、つぎのようにもいう。

学校で習った詩は記憶にのこっているだろうか。それを口にだしてみると、語が語をよぶのであって、意味をかんがえると想起のメカニズムに役だつよりもかえって邪魔になることがわかる。(ES159)

語と語が、かたちや音でつながっている。わたしたちが会話するときでさえ、意味をかんがえずに音の連鎖だけで話がつづくこともあるだろう。そもそも会話のときに、意味をそのつどかんがえているかどうかも疑問だ。もちろん、左脳の言語野は活発にはたらいているのだろうが、だれでも思考そのものをかくにんしつつ話しているわけではないだろう。いずれにしても、言語のもつオートマチックな性格はつよく作用しているとおもわれる。詩や文章の想起は、あきらかに言語の物質的側面においてなされているのであって、意味は夾雑物《きょうざつぶつ》になる可能性がたかい。
さて、ここでいわれている「語」と「意味」との関係は、どのようなものなのか。この関係は、ベルクソンの言語観において重要なポイントなのではないか。ベルクソンの考えでは、ひとつの語に絶対的な意味がやどっているわけではない。語は、文の連鎖のなかではじめて意味をもつ。つまり語が意味をもつには、文脈が必要だというわけだ。つぎのようにいっている。

ひとつの文のなかの語は、絶対的な意味をもってはいない。どの語も、それに先行する語と、あとにくる語から、それぞれの意味のニュアンスを借りてくる。また、ひとつの文のなかの語がすべて、独立したイメージや観念をよびおこせるというわけではない。それらの語のおおくは、関係をあらわす。その関係は、全体のなかでのその語の位置、文中のほかの語とのつながりによってのみ、あらわされる。たえず語から観念へとすすむ知性は、いつも当惑しており、いわばさまよっているのだ。われわれは、想定され仮説的に再構成された意味から出発し、そこから本当に知覚された語の断片へとおりていき、たえずそれらの断片を参照し、それらをたんなる目印としてつかって、知性がたどる道の特殊な曲線をすべてこまかくえがくのでなければ、知的なはたらきは紛《まぎ》れなく確実ではありえない。(ES172)

ここには、語と意味(観念)とのふたつの相がかんがえられている。語から意味への道は曖昧で、意味の相から語へとたどることによってしか意味を把握することはできない。語のつながりによって意味を推測し、その意味をもとにふたたび語の相におりていくことによって、知的な把握が可能になるというわけだ。言語のもつ自律的性格により、語は語の都合で連鎖していく。その連鎖関係から大枠の意味をくみとり、そこから降下し、今度は語をてがかりにさらにこまかく意味を確定していくというのだろう。しかし、あくまでも意味の相にわれわれはいるのであって、語は、われわれの自由にはならない。いわば言語の固定的領域に存在している。このふたつの相の往還こそ、われわれの言語活動といわれるものなのかもしれない。

このふたつの相の関係は、ベルクソンがいうふたつの方法に対応しているのではないか。つまり、「分析」と「直観」だ。「分析」は、数量化されたものをもとにして、対象を解明する方法であるのにたいし、「直観」は、対象そのものに密着し、その内側から質的な状態を体験する方法である。ベルクソンによれば、科学の方法は「分析」であり、哲学のそれは「直観」なのだ。世界のおなじ実相を、それぞれことなる方法論で探究していくという。ふたつの方法について、たとえばつぎのようにいっている。

つまり分析は動かないものにはたらきかけ、それにたいして直観は動きのなかに、おなじことだが、持続のなかに身をおく。これが直観と分析とのあいだのじつに鮮明な境界線だ。われわれは実在的なもの、生きているもの、具体的なものを、それが変化そのものであるという点において認める。要素を、それが変化しないという点において認める。（中略）つまり、直観から分析へ移ることはできるが、分析から直観へ移ることはできない。（PM202）

持続という実在の相からは、固定され、数量化された相へは移行できるが、そのぎゃくはできないという。まさに、意味の相から語という変化しない相への移行と、そのぎゃくの移行に対応しているようにおもわれる。うえの引用のあとで、ベルクソンはつぎのような例をだす。

それはちょうど、詩の意味を、詩を構成する文字の形に求め、文字の数を増やせば、どこまでも逃げていく意味を最後にはとらえられるとおもい、しかしひとつひとつの文字のなかに意味の部分をさがしてもだめだとわかり、窮余《きゅうよ》の一策として、文字とつぎの文字とのあいだにもとめていた神秘的な意味の断片が宿っている、とおもうようなものだ。(PM204)

詩の意味は、文字には存在していない。意味の相から、文字の相へとおりていくことによってしか意味は把握できない。ということは、意味の相へ一気にはいらなければ(直観)、そもそも意味を手にすることはできないのだ。ここには、大きな問題があるだろう。つまり、文字によって意味は形成されているはずなのに、文字面には意味はない。文字をあくまでも手がかりにして意味の相へ直接はいっていかなければ意味がわからない。その意味の相とは、どのようなものなのか、という問題だ。文字によってつくられた詩が、その全体に意味を宿らせると、その部分である文字とはことなる領域を切りひらくということだろうか。その領域は、文字の加算的総和によってではなく、なにかが一挙に形成されているのだ。その意味の領域に直接はいったとき、詩を理解したといわれる。この理解は

「分析」ではなく、まさにベルクソンのいう「直観」だろう。

しかし文字と意味とは、どうしても不可分な関係にある。文字がなければ意味が形成されず、意味がなければ文字は、ただのインクのしみになってしまう。ベルクソンがいうように、文字に意味を求めてもむだであろう。たとえば、

トタンがセンベイ食べて
春の日の夕暮は穏かです
アンダースローされた灰が蒼ざめて
春の日の夕暮は静かです
（中原中也「春の日の夕暮」『山羊の歌』所収）

という詩の意味を、ひとつひとつの語の意味からたどってみても、けっしてわからないだろう。なにがしかそこに意味があることはたしかだ。この詩が優《すぐ》れていることもわかる。だからといって、この詩を解説したとしても、その解説文の意味とこの詩の意味は明らかにことなるのだから、詩の意味のありかがずらされただけになってしまう。今度は、解説文の意味を語る文がさらに必要になり、無限に文の連鎖がつづく。このようにかんがえれば、この詩の意味は、この詩のなか（という場所的ないいかたをするとすれば）にしかないのではないか。この詩において、意味の遷移《せんい》をくいとめるしかないのではないだろうか。

つまり、この詩の意味は、

トタンがセンベイ食べて
春の日の夕暮は穏かです
アンダースローされた灰が蒼ざめて
春の日の夕暮は静かです

だということになるだろう。意味の無限後退を阻止するのであれば、このような文字と意味との不可分を強調するしかあるまい。そうだとすると、ベルクソンのいう意味は、文字と切りはなすことができないかたちで〈ここ〉にあることになる。

さて、このようにかんがえると、語による「固定」ということは、どうなるのだろうか。「好み」という命名をしたとたんに、流動的で固定できないはずの現象を、あたかもはっきりと切りとることができる対象であるかのようにみなすというのは、どうなるのか。

すこし整理してみよう。いま問題になっていたのは、文字の相と意味の相であり、このふたつの相は表裏一体のようなあり方（不可分）をしているということになった。今度は、そのような語とその語が指示しているとおもわれている現象との関係が問題となってきた。ある現象を「好み」と命名する。このことによって液体のような現実が固体化されたかのようないい方をベルクソンはしていた。けれども、以上のようにかんがえると、そうではないのではないか。「好み」という語は、それがことばであるかぎり、自律的な言語の領域に属しているのであって、もともと現実とはかかわりがない。たしかに、その語を発する文脈では現実とかかわっていたようにみえるが、なざしたとたん、語は言語の体系にすっぽりと埋没し、現象は変幻きわまりなく流れつづけていく。

意味というのは、物質的な文字や音との対応でいえば、たしかに言語における「持続」のような位置にある。つまり対象化できない時間意識のようなものだ。しかし、意味そのものは、物質的側面と不可分であり、たしかめることはできない。だが、そこにしかないとおもわれる場所は特定できる（というか、そこまでしかできない）。それにたいして、ベルクソンが「持続」とよぶ、この流動的現実はどうだろうか。この現実をじかに把握する方法を「直観」とベルクソンはいう。「直観」とはなにか。それがつぎの問題になるだろう。

4. 直観

ドゥルーズも『ベルクソンの哲学』の第一章「方法としての直観」で、「直観はベルクソン哲学の方法である。直観は感情でも霊感でも混乱した共感でもなく、苦心してつくられたひとつの方法であり、彼の哲学の方法のなかでも、もっとも入念につくられたもののひとつだ。」（p.1）といっているように、ベルクソンのいう「直観」は苦労しなければ手にはいらない方法なのだ。よく誤解されるように、対象をそのまま認識するといった安易な手段などではけっしてない。ある対象を「直観的にわかる」のではなく、「直観という方法」をつかって対象をじかに理解（といえるかどうかむずかしいが）するのだ。そのためには、常識的なものの見方（というより言語による分節）に逆らうことが必要なのである。ということは、それぞれの分野の常識にまずは通暁《つうぎょう》しなければならない。ベルクソンも苛立《いらだ》ちを隠せないようすでつぎのようにいう。

わたしの「直観」が本能ないしは感情であると主張する人についてはなにもいうまい。わたしが書いたもののなかには、ただの一行もこのような解釈を許すものはない。わたしが書いたものすべてをみれば、それとは反対のことが書かれている。わたしのいう直観とは反省（熟慮）なのだ。ところが、わたしが事物の根柢《こんてい》にある動きにたいして注意をうながしたので、ひとはわたしが、なんだかわからない精神の弛緩《しかん》をすすめたといった。またわたしが、実体の恒常性とは変化の連続性であるといったので、ひとはわたしの学説を不安定性の弁護だといった。（PM95－96）

ベルクソンのいう「直観」とは、画家の眼のようなものだ。われわれが外界の事物をとらえるさいには、通常は、「机」だの「コップ」だの既成の語によって分節してみている。そこに机があって、そのうえにコップがのっている、などなど。そのようにみることによって、生活はたんたんとつづいていく。しかし、すぐれた画家は、そのような世界のわかりやすいわけ方ではなく、さまざまな微細で複雑な色合い、光線による微妙な輝きやくすみ、よどみや凹凸、ことばのうえではわけられている事物がずるずると連続していくさまなど、かぎりなく細かく多様で稠密《ちゅうみつ》なあり方を凝視《ぎょうし》する。このような画家の眼を獲得するためには、われわれは、日常のわかりやすく生活に役にたつものの見方をいったんやめ、外側を無垢《むく》な眼でじっとみつめなければならないだろう。あるいは、そのような無垢な眼を訓練によって手にいれなければならない。そうしないと対象は、真の姿をこちらにみせてはくれない。このように、常識的な見方にむりに逆行するのが、ベルクソンの「直観」という方法なのだ。だから、感情や本能などではまったくなく、意識的な努力であり、ある意味で、日常的なものの見方の「反省」であり破壊なのだ。

つぎのようにいっている。

> 実をいうと、このためには知性の習慣的なはたらきを転倒しなければならない。普通、かんがえるとは、事物から概念へいくのではなく、概念から事物へいくことだ。ある実在を知ることは、「知る」という語の通常の意味からいえば、既成の概念を手にとり、それらを調合して組みあわせ、実在的なものの実用的等価物を獲得することである。(PM198)

生きていくためには、この世界をこちらの都合に合わせて切りとらなければならない。机やコップの真のすがたをいちいち気にしていたのでは、机にコップをおいて、そのなかのコーヒーをためらいなく飲むなどという一連の動作はできなくなる。われわれが滞《とどこお》りなく生活していくためには、「実在的なものの実用的等価物」でやっていくしかない。このような観点にたてば、物の見方には、二種類あることになるだろう。

そこで（概念から事物へ進み、利害による認識の様式にのっとり認識していると――引用者）、哲学というのが不可能になり、すべての事物の認識というのは、そこから利益をひきだすことを目ざす実用的な認識であるのか、それとも哲学することの本質は、直観の努力によって対象そのもののうちに身をおくことにあるのか、ふたつにひとつだ。（PM200）

このような意味で、哲学の方法は「直観」なのである。われわれが生活のためにおこなっているものの見方を手ばなし、対象の真の認識をおこなわなければならない。純粋な姿をそのままみてとる必要がある。そして、世界には、さまざまな対象があるのだから、この直観という方法は、ただひとつではなく、そのつどの対象によってさまざまに変化しなければならない。

いかにして、われわれのいう直観が、ただ一回の行為ではなく、際限なくつづく行為であり、なるほど全部おなじ類には属しているけれども、しかしその一つひとつはまったく特殊な種に属していること、そして、このような行為の多様性が、いかにして存在の全段階に対応するかを示すだけにしておこう。（PM207）

「直観」という方法は、対象そのものを認識するための方法なのだから、その対象がことなれば、それぞれことなった直観が必要になる。そのためにベルクソンは、そのつどの対象を直観するために、その対象にかんするさまざまな情報をあつめていく。『意識に直接あたえられているものについての試論』では心理学や精神物理学、『物質と記憶』では失語症、記憶、脳の研究、『創造的進化』では進化論や生物学、『持続と同時性』では特殊相対性理論など、それぞれの専門分野に深く潜入したのはそのためである。それぞれの分野における認識の仕方を知悉《ちしつ》し、そのうえで、その認識の方向を事物側からぎゃくにたどるわけだ。そして、その事物に直接かかわっていく。このような方法が、「直観」である。

ベルクソンによる「直観」の定義をみてみよう。

このようなわけで、わたしの語る直観はなによりもまず内的な持続に向かう。この直観は、並置ではない継起を、内面の成長を、未来を蚕食《さんしょく》する現在のなかへの過去のたえまない伸長を把握する。それは精神によって精神を直接みることだ。(PM27)

このように書いているからといって、直観はわれわれの内部における持続だけを対象にしているわけではない。この世界に存在するすべての対象の「精神的側面」とでもいうものを相手にするのだ。『物質と記憶』で詳しく論じられたように、ベルクソンがかんがえる物質には、われわれの記憶が、そしてひいては精神(純粋記憶)が刻印されているのだから。

つづけてベルクソンはつぎのようにいっている。

直観とはまず意識を意味するが、それは直接的意識であり、みられる対象と分かちがたいヴィジョンであり、接触であり合一でさえある認識である。(PM27)

対象そのものと合一しなければならない。しかしこの合一は、弛緩した精神によってはけっしてなされない。とてつもない水圧に逆らって深海にもぐっていくように、われわれの日々の習慣を逆なでし未知の領域につきすすまなければならないのだ。この世界は、われわれが日々どっぷりつかっている言語によってわかりやすく分節されている。その言語世界の背後にある真実の変化状態にはいりこまなければならない。そして直観とは、個々人の恣《し》意《い》的な方法ではなく、意識をもつものであれば共有できる方法でもある。「哲学するとは、思考のはたらきの習慣的な方向を逆転すること」(PM214)なのだ。

ベルクソンは、つぎのようにいう。

無意識的な共感や反感は、しばしば予見的なものであり、もろもろの人間意識の相互浸透が可能なことをしめす。それゆえ、心理的な浸透現象が存在することになるだろう。こうして直観は、われわれを意識一般のなかに導きいれる。(PM28)

ベルクソンの考えでは深層においては、われわれの意識は浸透しあっていて、直観という方法を獲得することによって、われわれの意識は、「意識一般」といわれるもののなかにはいっていく。このことによって直観という方法が、独我論的なものではないことも示されるのだ。さらにベルクソンは、この文の直後に『創造的進化』でとった方法をつぎのように説明している。

だが、われわれはさまざまな意識と共感するだけであろうか。すべての生物が生まれ育ち死に、生命は進化であり、持続がここでは実在であるならば、生命的なものの直観、したがって生物科学の延長であるような、生命の形而上学も存在するのではないか。(PM28)

たしかに自然科学的な「分析」によって、生命や宇宙のありかたは機械論的に説明できるだろう。しかし、機械とおなじようなあり方をしている自然を推進する力、あるいは、創造的な進化をもたらす原因はどこにあるのか、とベルクソンは問う。それは、われわれの精神と共有する持続があるからであり、その持続は、直観という方法によってしか認識できない。ベルクソンも『思想と動くもの』の「緒論」(一九二二年)の段階にいたって、そう明言するように、科学と哲学とは、おなじひとつの対象をことなった側面から、「分析」と「直観」というちがう方法によって解明するふたつの道なのだ。

こうしてわたしは、形而上学に限定された対象、すなわち主として精神を指定し、特別な方法、つまり何よりも直観を指定する。これによってわたしは、形而上学を科学からはっきり区別した。

しかし同時にわたしは、両者にひとしい価値をあたえる。わたしは、両者とも実在の根柢に触れることができるとおもう。わたしが峻拒《しゅんきょ》するのは、哲学者が支持し科学者が受けいれた主張、つまり認識の相対性、すなわち絶対的なものには到達できないという主張なのだ。(PM33)

自然科学も哲学も、方法はことなっているが、宇宙の真のあり方(「実在」)を示してくれる「絶対的認識」なのである。宇宙は、数学によって解明できるような側面をもつと同時に、数量化によっては、どうしても解明できない側面も同時にもつ。そのような「精神的」側面を直観によって探究していくのが、哲学(形而上学)なのだ。ベルクソンによれば、この宇宙に変化、運動、持続といった流動的な状態があるかぎり、直観という方法は、どうしても必要ということになるだろう。

宇宙は持続しているか、われわれの持続と連帯しているかのいずれかだ。宇宙が精神に結びついているのが、その起源によってなのか、その機能によってなのか、いずれでも、宇宙は、その内包する現実的な変化と運動のすべてによって、直観の領分に属している。(PM28－29)

宇宙がつねに変化していき、その変化には、われわれの精神における持続とおなじ持続がかかわっているのであれば、宇宙は、われわれの意識一般の方法である「直観」によって解明するべき対象ということになるだろう。変化や持続は、直観によってしか認識できないのだから。さらにつぎのようにいう。

ようするに、純粋な変化、実在的な持続とは、精神的なものであり、精神性に浸透されたものなのだ。直観とは、精神に、持続に、純粋な変化に到達するものである。(PM29)

直観という方法がつかえる対象というのは、精神性が浸透していなければならない。ベルクソンによれば、純粋な変化、つまり持続というのは精神性が浸透しているのである。ベルクソンは、最終的には、われわれの内的な持続と外界の持続とが地続きであるとかんがえた。そうかんがえないと、『持続と同時性』における「流れの同時性」が理解できなくなる。『試論』では、たしかに意識内部の持続だけに焦点をあてていたが、『物質と記憶』そして『創造的進化』をへて、『持続と同時性』にいたって、この世界の存在において持続が一元的に貫いているという結論になったのではないか。しかし、このような結論にいたるまでに、すでにベルクソンは、直観という方法を中心にすえていたのであれば、「精神性」が浸透する持続一元論的世界を、はじめから前提していたとしかかんがえられない。

ベルクソンは、『物質と記憶』の序言で、この第二の主著でも前著『試論』とおなじ方法をつかったといっていた。それは、行動と認識を注意深く弁別するやり方だ。さきにのべたように、われわれは行動しやすいような世界の見方を習慣的に身につけている。それを純粋な認識へと変換するというわけだ。

こうしたやり方は、われわれがすでに、意識の問題（『試論』——引用者）に適用した方法だ。そのさいわれわれは、内なる生を、それを覆い隠す、実際に役だつ記号からひきはなし、そのとらえがたい独自性においてとらえようとした。本書においては、おなじ方法を拡張し、たんに精神の内部に身をおくだけではなく、精神と物質との接点にも身をおこうとおもった。こうして定義された哲学は、直観にあたえられているものへ意識し反省しながら立ちもどることにほかならない。この哲学は、諸事実を分析し諸学説を比較することによって、われわれを常識の示す結論へ連れもどすはずだ。（MM　この引用のみ以下の版をつかった。*Matière et mémoire*, Felix Alcan, 1910　初版 Avant-Propos III）

『試論』においては、自己の精神の内部に沈潜し、持続というあり方を直観という方法によって認識した。それにたいして、『物質と記憶』では、その対象領域が、精神と物質の接点になるという。ここではあきらかに、この接点において精神と物質が融合し、直観の対象となる条件をみたすことになることが示唆されている。

ベルクソンは、直観をつぎのような比喩によって説明する。

さて例の外国人画家は、パリでえがいた全スケッチの下に、心覚えとして、おそらく「パリ」と書きこむだろう。彼は実際にパリをみたのだから、パリ全体にたいするもとの直観からふたたびおりてくることによって、彼のスケッチを全体のなかで位置づけ、たがいに結びつけることができるだろう。しかしこれと反対のことをおこなう手段はまったくない。できるだけ正確なスケッチを無数にもってきても、それら全部を結びつけるようにと指示する「パリ」ということばをもってきても、体験したことのない直観にさかのぼることは不可能であるし、パリをみたことがなければ、パリの印象を手にいれることは不可能だ。（PM191－192）

だからこそ「直観」は、とてつもなく困難な方法なのである。パリをみたことがなければ、パリを直観することはできない。パリについての断片的知識をつなぎあわせても、おおもとの直観にはけっしてたどりつけない。パリで画家がえがいたスケッチを何枚みようが、パリそのものを把握することはできないのだ。だとすれば、方法はひとつしかない。自分が、その画家とおなじ内的な状態をもっているという前提から出発して、その画家を内側から理解するしかない。画家の持続にはいりこみ、彼と共有する「意識一般」から、パリを認識するしかないのだ。もっている情報は、パリの無数のスケッチだけ。それだけを手がかりにして、画家の内面へ沈みこまなければならない。その内面は、「どこまでいっても小銭と両替されることのないような金貨」（PM205）であり、無数のスケッチが「小銭」ということになるだろう。このような作業が容易ではないことは瞭然《りょうぜん》だ。

ベルクソンは、著述の例をつかっておなじことをのべている。

本を書き、それがうまくいった人であればだれでも知っているが、主題を長い間研究し、資料を集め、すべてのノートをとってしまったときでも、実際に書きはじめるためには、さらになにかが必要である。主題の核心に一気にはいりこみ、あとはいくべきところまでひとりでに運んでくれるような衝動をできるだけ深くさがしもとめにいくための、しばしば苦しい努力が必要なのだ。(PM225)

このようにして苦心して手にいれた「衝動」こそ直観なのだ。長い間その対象に沈潜《ちんせん》したことにより、その対象の内側からの理解が一気に可能になる。これが、「直観」なのである。だからこそ先述したように、ベルクソン自身、『試論』から『道徳と宗教の二源泉』までの主著において、対象となる分野をいちから深く研究した。

この著述の例の最後は、つぎのようにのべられる。

衝動は、どこまでも拡がることができるけれども、単純さそのものなのだ。形而上学的直観は、これとおなじ類《たぐい》のものとおもわれる。ここで本を書くさいのノートや資料にあたるのは、実証科学によって、ことに精神の自己反省によって集められた観察と経験の全体だ。なぜなら実在の表面的なあらわれと長い間つきあってその信頼を手にいれてなければ、実在の直観、つまり実在のもっとも内的なものとの精神的共感は得られないのだから。(PM226)

ベルクソンの「直観」という方法は、自分自身の持続そのものから出発する。自己の持続に深くはいりこめば、その持続が、ほかの人びとの持続へと通底していく。そこには、「一般意識」という領域がある。さらにこの持続は、物質世界の持続ともかかわっている。したがって、それがうまくいっているかどうかはべつにして、ベルクソンの「直観」が方法として成立するためには、自我の持続、意識一般、物質の持続という三つの段階が浸透しあっていなければならない。

したがってベルクソンが、「われわれは持続そのもののうちにはいりこむ。これは、直観によるしかない。この意味で、自我(moi)そのものによる、自我の持続の、内的で絶対的な認識が可能なのだ」(PM189－190)というとき、「直観」という方法論の出発点を指摘していたということができるだろう。そしてこの直観によって、いままでだれも知らなかった概念が創造される。

しかし形而上学が本来の面目を発揮するのは、概念を超えるときにかぎられる。あるいは少なくとも、こわばった既成概念から解放されて、われわれが普段手にしているのとはまるでちがう概念を創りだすとき、つまり、直観のとらえがたいかたちにいつでもあてはまるばかりの、しなやかでよく動く、ほとんど流動的な表象を創りだすときにかぎられる。(PM188)

ここでベルクソンは、ドゥルーズ＝ガタリにさきがけて、「概念の創造」に言及していたともいえるだろう。哲学(形而上学)とは、概念の創造なのだ。つぎに持続や流動を固定してしまう「空間化」についてみてみたい。

5. 空間化

ベルクソンは、本当の時間は「純粋持続」だという。これは、ごく大雑把にいえば、わたしたちの意識の流れのことだ。この流れにおいては、持続だけが生じている。それにたいして、わたしたちが通常「時間」といっているのは、その「純粋持続」が「空間化」されたものだといわれる。持続だけの状態が、抽象化によって、「空間」とおなじものになってしまうというのだ。ベルクソンによれば、わたしたちの常識的な「時間」は、じつは「空間」なのである。これは、どういうことだろうか。

わたしたちは、日ごろから「空間」ということばをつかう。座標空間、空間認識などという日常とやや乖離《かいり》したことばだけではなく、部屋のなかにいれば、ある空間のなかにいるといえるだろうし、家、体育館、公園、日本、アジア、大陸、地球、あるいは宇宙全体もひとつの空間といえるだろう。われわれが目にするどんなものも空間のなかに存在している。ベルクソンの「空間」も、このだれもがつかっている「空間」が基本だ。この「空間」をもとにして、ベルクソンはさらに、わたしたちの思考も「空間」のなかでおこなわれるとかんがえる。わたしたちがなにかをかんがえるとき、その背景には「空間」があるというわけだ。

『試論』の第二章は「純粋持続」が登場する章であり、この本の著者がもっとも力をいれた部分だ。だが同時にこの章は、ベルクソンの「空間論」が展開されているところでもある。「純粋持続」と「空間」とは、表裏一体なのだから当然といえば当然だろう。ベルクソンとよく比較されるホワイトヘッドも、この「純粋持続」と「空間」との関係を「具体性置きちがいの誤謬」の例のひとつとして示していた。つまり、もっとも具体的なありかたである「純粋持続」が、いったん抽象化されて時計や数直線上にあらわれる「時間」になると、後者の方が具体的なものだと勘ちがいされるというわけだ。出発した地点が隠されて、たどりついた場所だけが、強調されるのである。もっとも具体的な「純粋持続」がなければ、そもそも「時間」も登場しないのに。

さて、思考の基盤となる「空間」とは、どのようなものなのだろうか。ちょっとかんがえればわかるように、この世界に満ちみちているものにはおなじものなどありえない。もちろん、たとえばおなじ工場でつくられた同一の製品といったものはあるだろう。しかしこれだって、それぞれの製品の位置する場所はことなるだろうし、そのほかの側面からもまったくおなじであることはけっしてない。こうかんがえれば、そもそも、この世界に存在しているものを、比較することなど思いもおよばないだろう。すべてが、ことごとくことなっているのだから、比べるための手がかりがない。

比較するためには、共通の部分がなければならない。あるいは、共通の基準といってもいいかもしれない。3と5を比較して、5の方が数がおおいというときには、1という基準によって比較している。3は1が三つはいっており、5には1が五つはいっているから、5の方がおおい、というわけだ。もし、3には、0.5が六つはいっていて、5には、1が五つはいっているから、3の方がおおいといったとすると、これは、基準がおなじではないから比較ではない。さらに、3と5をそもそも比較できるのも、おなじ数字という場を設定したからである。もし、胡瓜《きゅうり》3本と茄子《なす》5本をもってきて、さあ比べてくれといわれても、色を比べるのか、触感なのか、形なのかよくわからない。それに胡瓜3本だって、それぞれ特徴があって、それを一律にまとめて3本ということは、たいへんな抽象化がおこなわれている。おなじ胡瓜でも、3本というためには、いろいろな要素を切り捨てなければならないのだ。それを今度は、色も形も触感もなにもかもことなる茄子と比べるのだから、ここではとてつもない抽象化がなされなければならない。「抽象化」というのは、具体的な要素を切り捨てたはてに、共有しているものだけに焦点をあてるとでもいえるだろうか。

このようないくつもの抽象化の段階をへて、やっと3と5が登場し、その段階をへて、3＋5＝8といった数式も可能になる。ベルクソンのいう「空間」とは、このような抽象化の基盤となる土台のようなものだ。いわば空虚な土台なのである。このような土台を、ベルクソンは、「質のない空間」という。抽象能力と空間との関係をベルクソンは、つぎのようにいっている。

またとりわけ、われわれ人間は、質のない空間というものを知覚したりかんがえたりする特殊能力をもつといわなければならないだろう。この能力はけっして抽象能力ではない。それどころか、抽象するということが、明確な区別と、さまざまな概念やその記号のあいだの相互外在性とを前提していることに着目すれば、その抽象能力はすでに等質的環境というものの直観をふくむことに気づくだろう。（DI72－73）

この「空虚さ」あるいは「等質」というのは、その空間のなかにあるものに影響をあたえないということであり、それ自身は、まったく特徴をもたないということである。たとえばテニスコートは、対戦する選手たちに影響をあたえてはならない。あたりまえだが、コートによって、どちらかが有利になったり不利になったりしてはいけない。コートは無色透明な背景でなければならない。プレイヤーの激しい動きをささえてくれさえすればいい。このような意味で、ベルクソンのいう「空間」は、「等質」でなければならないのだ。つまり、それ自身が質をもってはならないのである。

しかしながら、そのことによって質に満ちたこの現実世界の認識をあやまってしまう。この世界の真の姿は、凹凸があり質があり、さまざまな様相をそのつど示しているはずなのに、「等質空間」を自分たちの都合のいいように抽象化して、その背景にしてしまうために、世界の本当の姿を知ることができなくなってしまう。

しかし、ベルクソンによれば、空間そのものが質をもたないわけではない。動物の方位感覚に言及したあとで、つぎのようにいっている。

> ということはつまり、空間は、われわれにとってと同様、動物たちにとっても等質なものではないということなのである。動物にとっては、空間を規定するものや方位は、純粋に幾何学的な形式をもつものではないのだ。それらのひとつひとつは、動物にたいして、そのニュアンスをもち、それ固有の質をともなってあらわれる。（DI72）

空間そのものは、それ固有の質をもっている。ところが、われわれ人間だけが、その質を抹消し空虚で透明な空間を、しばしばつくりあげてしまう。人間が、自身の思考や行動のために、架空の等質空間をつくりあげることができるからこそ、抽象化することも、人間にもっとも特徴的なはたらきだといえるだろう。しかし、このような能力をもっているからこそぎゃくに、この世界の本当のありかたを認識することがいちじるしく困難になっているのだ。

ベルクソンの「空間」の定義らしいものをみてみよう。

いま、精神のこのはたらきを特徴づけようとすれば、それは本質的に、空虚で等質的な環境の直観、というよりもその概念化にあることがわかるだろう。なぜなら、空間を定義するいい方は、いくつもの同一かつ同時の感覚をわれわれが相互に区別することを可能にするもの、という以外にないからだ。したがって空間とは、質的差異化とはべつの差異化の原理であり、それゆえ、質をもたない実在性ということになるだろう。(DI70–71)

さきほどの例にもどってみよう。テニスコートで試合をしている場合、ネットで仕切られたそれぞれのコートは、微細に観察すれば、多くの質的な差異がみいだされるだろう。小石やでこぼこや傾斜のちがいなど、そこで動いている選手にとって、まったくおなじ背景として作用しているとは、とてもいいがたい。しかし、われわれ人間は、そのような細かいちがいは捨象《しゃしょう》して、それぞれのコートを等質で平等な空間として試合をすすめる。それは、試合という規約にもとづいた行為をするためであり、この行為は事態（テニスコートという質的空間）を正確に認識することとはなんの関係もない。わたしたちは通常、空間を何のためらいもなく数量化している。区域の境界線の長さを測り面積を計算する。しかし、このような測定行為は、等質空間という人工的な空間をもとにした抽象行為なのであり、外界の真のあり方には、まったく接触していない。あえて物理学的な用語をつかえば、この世界は、電磁場や重力場といったあり方をしている質的な錯綜空間なのである。

そのような質的なあり方に、ある意味でさからうのが、「空間化」というはたらきなのだ。内的持続と空間との根本的ちがいを際立たせるために、ベルクソンは、時間（内的持続）と空間とのかかわりを三通りの仮定をして説明していく。

たとえばわたしが一分が経過したというとき、そこでわたしが理解しているのは、時計の振り子が一秒ごとに時を刻み、六〇回振動したということである。（DI78）

時計の動きという外界の変化にたいして、わたし（内的持続）はどのようにかかわっていくのか。まずは、このような事態にたいして、六〇回の振り子の振動を一挙にまるごと把握したらどうかという例をあげている。

いまここで、わたしがその六〇回の振り子の振動を一挙に、精神の統覚だけで思いえがいたとしたら、わたしは、仮定によって継起の観念を排除していることになる。このときわたしのかんがえているのは、継起する六〇回の刻みではなく、一本の線上に配置された六〇個の点であって、そのひとつひとつがいわばそれぞれ一回の振り子の振動の記号となっているのだ。(DI78)

わたしたちは、さまざまな事象を頭のなかで一気にかんがえることができる。ビッグバン以来の宇宙の歴史も、アメリカ大陸全体も、京王線のすべての駅も、その詳細にわたらなければ、全体をひとつの図のように把握することができるだろう。これが、ベルクソンのいう「等質空間」であろうし、まさに、このような振り子の六〇回の揺れを一挙に認識することが、「空間化」といわれるものだ。そして、このことは、もちろん現実の振り子の動きをあらわしているわけではない。振り子は、ゆっくり一回ずつ揺れているのだし、六〇回揺れるためには、それ相応の時間が必要だ。さらにベルクソンは、つぎのようなかかわり方を提示する。

他方、もしわたしが、この六〇回の振動を継起的に、しかも、それらの振動が空間内で実際に生起する様態は少しも変えずに思いえがくならば、わたしがかんがえているのはひとつひとつの振動だけであって、その前の振動の記憶は排除されているはずだ。というのも、空間内にその前の振動の痕跡はまったくのこっていないのだから。しかしその結果、わたしはつねに現在にとどまっていなければならないことになる。継起や持続をかんがえるのを諦めることになるだろう。(DI78)

これは、もしわれわれに記憶力がなければ、そうなるだろうといった仮定である。われわれは一回一回の振り子の振動をそのつど思いえがくとなると、つぎつぎと振動は消えていき、あるのは、現時点での振動だけということになるだろう。そこには、持続も空間もなく、それぞれの瞬間に生成消滅する揺れがあるだけとなってしまう。しかし、この仮定は、こちら側に記憶がなければ、というものであった。そこから逆算すれば、記憶というわれわれの能力が、持続や空間をつくっていることになるだろう。これは重要な観点だ。

さて、最後の仮定である。

さらに最後に、わたしが、現在の振動のイメージに参与しながら、その前の振動の記憶を保持しているとしてみよう。(中略)わたしはそのふたつの振動をひとつが他方のなかにあるようなかたちで統覚するだろう。それらのイメージは、ひとつのメロディを織りなす楽音のように、区別のない多様体あるいは質的多様体とよぶべきものを、数とはまったくかかわりなく形成するような仕方で、相互に浸透しあい有機的に統合される。(DI78)

無味乾燥な質をもたない空間を背景にして、振り子の揺れの数をそこにならべるやり方が、空間化であるとすれば、この三つ目の仮定は、その空間化のまったくぎゃくであるといえるだろう。現在知覚している揺れとその直前の記憶にのこされた揺れを融合し、ひとつの有機的な流れを形成する。その流れは、それ独自の質を有し、ほかのものと比べたり、それだけを取りだしたりはできない。あくまで多様が多様のままで、しかも、つぎつぎと変容しながら流れていくメロディなのだ。

そして、この引用の直後に、「こうしてわたしは、純粋持続のイメージを得たことになるが、しかしそれと同時に、等質的環境や計測可能な量という観念とは、すっかり縁を切ることにもなるだろう」（DI78）といっているように、ここで、等質空間と純粋持続が、明確に区別されることになった。

ここで列挙されている三つの仮定は、「空間化」と「現在」と「純粋持続」という、われわれと世界との三通りの関係の仕方が、明瞭に叙述されていてとても興味深い。「純粋持続」という本書の中心概念を論じるまえに、もうひとつだけかんがえておきたい概念がある。それは、「記憶」だ。

6. 記憶

時間が流れているというのは、どういうことだろうか。時間そのものが流れるというのもおかしな話だ。「時間」が何であるのか、そもそもよくわからないわけだから、そのわからないものが「流れる」というのは、なにもいっていないに等しい。わたしたちが「時間が流れている」と感じるのは、さまざまなものが変化しているからだろう。左側に立っていた人が、いつのまにか右側にいるとすれば、その人は、位置の移動をしたということになる。「いつのまにか」ではなく、目の前をその人が歩いていって、それをこちら側から視覚でとらえていたとすれば、まさにその人の位置の移動をリアルタイムでわたしが確認したことになるだろう。そのような歩行運動をみれば、なるほど位置の移動があったし、それにともない時間が流れたといえるだろう。このようないい方をするのが、「時間」というものだといえる。その時に流れているのは、なんだろう。

左側にいた人が、右に移っていく。その運動という変化自体が流れのようだ。そうだとすれば、流れているのは、最初にその人がいた位置の記憶と、その人の現在の位置の知覚とのちがいになるだろう。現時点での知覚を過去の記憶に重ねあわせれば、あきらかに変化がある。その変化が、時間の流れといえるだろう。したがって、「時間の流れ」というよくわからないいい方の正体は、「記憶と知覚のちがい」といえるかもしれない。

しかし、これもよくかんがえると事態はさらに錯綜してくる。ある特定の位置にいた人の記憶像と現時点でのその人の知覚像とを比較して、その差異が変化だといった。しかし、これは変化ではなく、たんなるちがいにすぎない。変化というのは、記憶から知覚への流れそのものであり、もっとくわしくいえば、現時点でのその人の位置にいたるまでの無限の記憶の流動なのだ。その人のそのつどの位置の記憶像が、つぎつぎとあらわれて、現在の知覚像になるというわけではなく、ひとつの流れがあり、たまたまそのなかのひとつが固定された記憶像として、抽出《ちゅうしゅつ》しようとおもえばできるというにすぎない。

「空間化」のところで引用したベルクソンの三つの仮定の二番目のように、もしわれわれに記憶がなければ、その瞬間の知覚だけがつぎつぎとあらわれては消えさり、時間はけっして流れない。瞬間以外のものがないのだから、瞬間そのものも存在しない。ただただそのつどの存在があるだけということになるだろう。時間が流れるためにはどうしても記憶が必要であり、その記憶のなかだけに時間は存在する。大雑把ないい方だが、「時間は記憶」なのだ。記憶力をもたない存在者にとっては、時間はまったく流れていない。

それではつぎに、『物質と記憶』における記憶についてのベルクソンの考えをみてみよう。時間と記憶との関係をベルクソンは、どのようにあつかっているのだろうか。『物質と記憶』は、わたしの身体を中心にすえ、身体と外界の接点である知覚を蝶番《ちょうつがい》にして、記憶（ひいては精神）と物質とが地続きであることを示した書だ。そのさい、知覚の現場に記憶がはいりこんでいるというのが、その「地続き」であることをささえている。

わたしたちは、さまざまなものを知覚する。眼の前のペンを視覚でとらえ、バイクが走る音を聴覚でとらえる。このペンは古いボールペンだなとおもい、バイクの音がうるさいな、などとおもう。眼でとらえた瞬間に「古いボールペン」だとおもい、音をきいた瞬間に「バイク」だとわかる。それは、あきらかに知覚の現場に記憶がはいりこんでいるからだろう。ボールペンの記憶やバイクの音の記憶が、視覚や聴覚にすでにはいっているというわけだ。そうでなければ、知覚の瞬間に、ボールペンをボールペンとして、排気音やエンジン音をそれとして認識できないだろう。このようにかんがえれば、わたしたちは、対象を純粋に知覚することはできないということがわかる。

ベルクソンもつぎのようにいう。

実際には、想起をともなわない知覚は存在しない。われわれの感覚器官の直接的な現在の与件に、われわれは幾千もの過去の経験の細部を混入しているのだ。(MM30 *Matière et mémoire*〔邦題『物質と記憶』〕p.30＝以下MMと略記)

知覚と記憶が融合しているということは、われわれの内的な状態(記憶)が、外界である対象に浸透していることになるだろう。われわれは、通常外界の対象を、その対象のもともとのあり方でとらえているとかんがえる。常識的には、だれがみても、おなじ一本のボールペンは、おなじようにみえるし、バイクがだしている騒音は、おなじ騒音としてきこえるとおもう。しかし、ベルクソンがいうように、記憶が知覚の現場に混入しているのであれば、それぞれの人がもつボールペンにかんする記憶や、バイクの音の記憶はことなっているにちがいない。だから、「おなじ」ものとしてみたりきいたりはしていないはずだ。なぜ、記憶が知覚に混入してくるのか。

ベルクソンは、つぎのようにいっている。

どんなに短時間の知覚であっても、実際には、知覚は常にある一定の持続のうちにあり、その結果として、おおくの瞬間を相互に嵌入《かんにゅう》させながらさきに延ばしていく記憶機能の一定の努力を必要としている。(MM30－31)

知覚が成立するためには、かならず一定の持続が必要であり、もし持続するのであれば、そこで記憶が介在しなければならない。なぜなら、持続のうちで、ある特定の知覚像がなりたつには、それをまとめあげる基盤がいるからだ。一瞬間だけの知覚は、知覚像としてもなりたたない。短い時間であれ像が固定されなければならない。瞬時に知覚されたものが連続して「おなじボールペン」として固定される必要がある。こうかんがえると、知覚において、対象が対象として成立するためには、どうしても記憶力のはたらきが不可欠だということになるだろう。

だからこそベルクソンは、つぎのように断言する。

あなたの知覚は、どれほど瞬時のものであろうとも、数え切れないほど多数の想起された要素群から構成されている。そして、本当のことをいえば、あらゆる知覚はすでにして記憶なのだ。われわれは、実際には、過去しか知覚していない。なぜなら、純粋現在とは、過去が未来を蚕食《さんしょく》していくとらえがたい進展だからだ。(MM167)

ここでベルクソンは、記憶力をもつ人間であれば、どれほど意識しても、眼の前の対象そのものを知覚することはできないといっているのだ。自らのうちに蓄積されている記憶が、知覚している対象をかならず覆ってしまい、みているままのきいているままの姿はあらわれない。だからこそ、「あらゆる知覚はすでにして記憶なの」だ。過去は、記憶というあり方で、「純粋現在」に進入し、未来へと時をはこぶ。ようするに、純粋な現在というのは存在しないことになる。

ここには、とても不思議な構造がある。ベルクソンの「時間」のなかには、現在は存在していない。過去が、細かく多様な記憶というかたちでつぎつぎと押しよせてきて、時を推進させていく。過去の連続が、未来をつくっていくという構造だ。たしかに〈いまここ〉の対象を、記憶の進入なしに知覚することを「純粋知覚」とベルクソンはよぶ。しかし、この純粋知覚は、権利としてだけ存在するものであって、実際にはありえない知覚なのである。

「純粋知覚」についてのべている有名な箇所を引用しよう。

> 純粋知覚とは、事実としてではなく、むしろ権利上存在する知覚であり、わたしがいま現にいる場所に位置し、わたしが生きているように生きいきしてはいるけれども、しかし現在に没入し、あらゆる種類の記憶を排除して、物質世界にかんして直接的かつ瞬間的なヴィジョンを獲得することができる存在がもつような知覚である。（MM31）

ベルクソンの『物質と記憶』の内容をざっと振りかえってみよう。われわれ人間の能力は、行為するためにそなわっている。そのために、この世界のありさまを直接認識するのは容易ではない。外界の事物を認識するさいにも、行為しやすいように、そこに記憶をかぶせていく。そのようにして認識されたものを、ベルクソンは、「イマージュ」とよぶ。人間から独立した客観的なものでもなく、だからといって、こちら側の意識や精神によってつくりあげられたものでもないものだ。精神と物質の中間地帯が、「イマージュ」ということになるだろう。その領域は、いままでのべてきたような「知覚」と「記憶」が混合した領域である。かならず記憶をともなって知覚されるもの、それがイマージユということになるだろう。だからこそ「知覚はすでにして記憶なの」だ。

その中間地帯からはずれると、いままで「精神」そして「物質」とよばれてきた領域が背景をなしている。知覚による情報を一切排除した「純粋記憶」と、記憶がまったく浸透していない「純粋知覚」というわけだ。前者が精神で、後者が物質ということになる。純粋記憶は、生きるための注意がきれいさっぱりなくなったときあふれでてくる。人がなくなる寸前に全生涯が一気にパノラマのように展開される経験をベルクソンは例にあげ、「純粋記憶」の存在を指摘した。それにたいして、さきにのべたように「純粋知覚」はあくまでも理念的（権利上の）存在であり、それが完全なかたちで成立するのはむずかしい。物質そのものの本当の姿を手にするのは、記憶の塊《かたまり》であるわれわれ人間には不可能なのかもしれない。

「純粋知覚」と「物質」との関係についてベルクソンは、つぎのようにいう。

純粋知覚は、精神のはたらきのもっとも低いレベルであり、つまり、記憶をもたない精神である。この知覚は、ほんとうは、わたしが理解する意味での物質の一部であるというべきだろう。

(MM250)

ベルクソンは、われわれが記憶から離れ、対象に知覚によって純粋にのめりこめば、それは、物質の一部だという。知覚は、その知覚する対象のあるところで成立するというのが、ベルクソンのかんがえであり、知覚しているこちら側で成立しているわけではない。だから極端ないい方をすれば、純粋に物質を知覚するということは、対象の物質になってしまうということになるだろう。ここのところが、どうしてもよくわからないのだが、ベルクソンは、われわれが記憶というはたらきをうしなえば、物質の一部になり、ほかの物質と、いわば華厳でいう「事事無礙《じじむげ》」のような世界にはいりこむとかんがえていたのではないか。

仏教の華厳思想においては、この世界をおおきく四つのあり方（四種法界《ほっかい》）に分ける。まず、事物が個別に独立して存在する「事法界《じほっかい》」。これは、常識的な世界の見方だろう。さらに、それら事物間の関係（縁起）のみに着目した「理法界《りほっかい》」。いわば「関係性の網の目」だけで世界をみる見方だ。そして、その複雑な関係群があり、同時にその結節点として事物もあるのだという「理事無礙法界《りじむげほっかい》」。これは、「事法界」と「理法界」を総合した見方だといえるだろう。

さらに、そのような関係性の錯綜した網が、個々の事物と融合している（無礙《むげ》）のであれば、最終的に個々の事物に全宇宙の関係群がたたみこまれていることになるだろう。いわば、ライプニッツの「モナド」の宇宙のように。これが、「事事無礙法界《じじむげほっかい》」だ。もし、わたしの記憶がすっぽりなくなり、全物質界を純粋に知覚するならば、わたしという結節点に全宇宙が無差別にたたみこまれることになるだろう。ある意味で、「事事無礙」のようなあり方をしていることになる。

たとえば、つぎのようにもいう。

それゆえ、われわれの知覚とは、純粋状態では、文字通り事物群の一部をなしているだろう。
（MM66－67）

あるいは、

おなじことをもう少しわかりやすく説明してみよう。物質は、隠された、あるいは認識できないいかなる力ももっていないということ、物質は、その本質的な部分においては、純粋知覚と一致するということ、これがわたしの考えだ。(MM77)

われわれは、知覚という日々の現場で、外界や物質世界と接触し、その場での知覚対象に記憶というこちら側の能力で浸透していく。知覚という現場では、記憶と知覚が融合し、精神性が物質界にはいりこむ。そして、その精神性を完全に除去すると、われわれは物質界の一部になるということだろうか。わたしが「純粋知覚」という概念を十全に理解しているとはおもえないが、おおむねこのようなヴィジョンをベルクソンがもっていたことはたしかだろう。ただ、あくまでも、「純粋知覚」は、理念的な(権利上の)概念なので、それが、現実世界でなりたつことは不可能に近い。それでも、ベルクソンのつぎのようないい方には、大いに興味をそそられる。

つまり純粋知覚において、われわれは、まさにわれわれの外部に置かれていて、そのときわれわれは、直接的直観において対象の実在に触れている。(MM79)

純粋知覚というのが、もし成立するとすれば、われわれは自分自身の外部に存在し、「直観」という方法のもっとも直接的なあり方で、対象の実在に触れることができるというのだ。これは、まさに対象と合一している状態をいっているのだろう。

われわれは、記憶という能力をもっているために、この世界が進行している、あるいは持続していると認識することができる。べつのいい方をすれば、われわれに記憶力という特殊な能力がなければ、この世界に時間なるものは存在しない。つねに瞬間的に生成消滅していく世界が、進行しないかたちで「ある」だけになる。そこにあるのは、デカルトやレヴィナスのいう「瞬間創造」の世界だ。しかし、この世界が瞬時に創造されていることは、だれにもわからない。なぜなら、創造後の世界しか、われわれには認識できないからだ。瞬間創造されている世界は、どれほど創造と消滅を繰りかえしても、この世界とみた目はまったくかわらないのである。

しかし、われわれは、すでに記憶という能力をもち、この世界にその能力をもってかかわっている。そのため、時間が流れ、物質を自分なりに知覚し、物質界との特異な関係の仕方も、その「記憶＋知覚」という融合場で、そのつどなりたっていく。

そして、この記憶を媒介とした物質界との浸透関係の基底に流れているのが、「持続」というあり方である。持続の緊張そして弛緩という程度の差によって、精神と物質とが区別できるのだ。ここでやっと、われわれは「持続」という概念にたどりついたことになる。

第二章

「持続」とはなにか

7. 時間は持続である

「持続」とはいったいなんだろうか。ベルクソン哲学の中心概念である「持続」について、まず常識的なところからかんがえてみよう。「持続」とは、おなじひとつのものが、おなじ状態でつづいていくことだろう。つぎつぎとことなったものや状態になると、それは「持続」しているとはいえないだろう。ただ、ことなったものや状態に変化しながらも、その変化そのものが「持続」しているというい方もできるので、それほど簡単ではない。「なにかが持続している」というとき、この「なにか」には、どんなものでも代入できるのだから、変化でも、崩壊でも、瞬間創造でもなんでも持続することができる。

そして「持続」は、「存在」とは、はっきりしたちがいがあるだろう。「存在」の場合は、そのものがつづいていようが、瞬間で消えようが、そこに「ある」または、「あった」のであればよい。ところが、「持続」の場合には、ずっとありつづけなければならない。これは、どのようなことを意味するのか。ひとつのものが、つぎつぎとおなじ状態を保つ。あるいは、変化しながらでも、「おなじ」ということを確認できなければならない。それが、「変化」でも「崩壊」でも、「創造」でも、その状態がつづいていなければならないというわけだ。突然ほかのものに変わったのでは、「持続」とはいえないからだ。もちろん、「突然変わる」ことが、恒常的につづいていればべつであるが。つまり、「持続」とは、時間の幅がどうしても必要なあり方だということがいえるだろう。

このような時間の幅をもった、つづいていくあり方をベルクソンは重視した。それまでの自然科学や哲学が、「時間」の本質をとらえていないとかんがえたからだ。たとえば、ベルクソンはつぎのようにいっていた。

この疑問は後日、真の時間を考慮にいれて生命進化の問題を再検討するようにわたしを導いた。わたしはスペンサー流の「進化論」を、ほぼ全面的に見直さなければならないとおもった。しかしさしあたり、持続のヴィジョンに没頭した。わたしは諸説をつぎつぎに検討して、これまでの哲学者が持続を少しも問題にしていないことをたしかめた。哲学の全歴史を通じて、時間と空間は同列におかれ、同種のものとしてあつかわれている。まず空間が研究され、その性質と機能が決定され、得られた結論が時間に適応されるのだ。つまり、空間論と時間論は対《つい》をなす。一方から他方へ移るには用語を変えるだけでいい。「並置」を「継起」にすればいいだけだ。真の持続からは、一貫して視線がそらされている。これはいったいなぜだろう。(PM5)

これまでの哲学や科学は、いずれも時間の本質をとらえそこなっているとベルクソンはいう。対象によりそい、その実相を追究する唯一の哲学だとおもっていたスペンサーの哲学でさえも、時間にかんしては、やはりほかの哲学同様、まちがった概念を基礎にすえていた。ようするにいままで、あらゆる科学や哲学において、「時間」は「空間」とおなじようなものだと誤解されてきたのだ。それにたいして、真の時間のあり方は、「持続」だとベルクソンはいう。ほかの哲学や科学は、時間をひとつの数直線だとかんがえて、その直線上に点時刻 t を前提する。このような従来のやり方では、時間の本質をとらえることは原理的に無理なことなのだ。時間は、そんなものではない。点時刻などでは特定はできない、つねに流れていくものだ。つまり、「持続」なのである。「持続」は、流れゆく幅をもった時間であり、つねに動きつづけていくものなのだ。

たしかに「時間」と「持続」という日本語をくらべてみると、あきらかに「持続」の方が、動的なイメージをこちらにあたえるだろう。「持続する」という動詞をつくることはできるが、「時間する」とはいわない。また、「時間」という熟語を構成している「時」も「間」も名詞だが、「持続」の方は、どちらも動詞によってできあがっている。このような点からも、「持続」の方が、はるかにダイナミックな印象をわれわれに刻む。

ベルクソンの最初の考えは、じつにわかりやすい。わたしたちが生きているとき、かならず時間の流れのなかで生きている。近くの駅に行くためにも、それなりの時間がかかり、明日友人と会う約束をしたのであれば、その時まで時間が経過するのをじっと待たなければならない。どれほど頭のなかで、駅の風景や友達との会合を想像できても、または、約束までの時間や駅までの距離を正確に計算できても、実際に経過する時間を短縮できるわけではない。ところが、自然科学や哲学で「時間」とよばれているものは、そのような生きられ経験される時間ではない。数式や観念のなかで、自在にあつかわれる数字（観念）としての時間なのだ。

自宅から駅に行くのに五分かかるのであれば、「5」という数字で、あるいは、つぎの日の約束まで一五時間あるのであれば、「15」という数字で、一瞬にして時間の経過を計算し予測することができる。こちらが耐えることもなく待つこともなく手中にすることができる時間だ。そしてこの数字をつかって、さらにさまざまな計算をすることもできるだろう。そのとき、当初の、実際に待たなければならず具体的に流れていくはずの時間は消えてしまう、というわけだ。「5」と「15」は、もはや時間ではなく、ただの数字になってしまう。

ベルクソンが、「持続」というとき、それは、われわれが実際に生きていく時間であり、わたしたち人間がどうこうできるようなものではない。そのような時間の、もっともわかりやすい例（あるいは、原型のようなもの）が、わたしたちの意識に直接あたえられている「持続」だとベルクソンはいうわけだ。わたしたちの意識のなかで、いっときも休まず流れていくもの、それが「持続」なのである。そして、その持続に空間的なものをいっさい混入させないとき、それは「純粋持続」とよばれる。

しかし、ここには、すこし混同があるのではないか。ベルクソンがかんがえるような、意識にじかにあたえられている「持続」は、なるほど有機的な流動ではあるだろう。たしかに「持続」というとき、われわれがもっともイメージしやすいものだともいえる。しかし、このような意識の流れではなくとも、ごくあたり前のことではあるけれども、この世界自身も持続しているのだ。むろん、世界のなかで流れている時間の方が、物理学や数学の数式によって処理されやすいであろう。心理的な時間の流れの方が、より純粋に持続している印象をわれわれにあたえてはくれる。しかし、事実的なこの世界も、つねに持続してはいる。もちろん、意識の流れと世界自身の時間の流れが、おなじものであるかどうかはわからない。ベルクソンも、このことについては、ずっと結論をだせずにいた。だからといって、そのなかでわれわれが生きている世界そのものの時間が持続していないわけではない。

さまざまな事物や物質が時々刻々変化しつづけるこの世界は、あきらかに持続している。それなのになぜ、われわれの意識を、持続の典型例としてもちだしたのだろうか。たしかに「持続」の様相としては、もっともわかりやすいかもしれない。しかし、意識と世界とでは、そのあり方は根本的にことなる。したがって、持続のモデルを意識にしてしまうと、持続そのものの真の姿に着目するというよりも、意識そのものの特異なあり方に目を向けてしまうことになるのではないか。

ベルクソンが批判しているのは、この世界に流れる時間についての観念である。われわれがいるこの世界の時間は、本当は〈持続そのもの〉なのに、「空間的なもの」だとまちがってかんがえられている、というわけだ。しかし、そのことを批判するのにベルクソンが、持続の典型としてさしだすのは、なぜか、われわれの意識なのである。なぜ、世界における時間の様相を持続の典型にしないのだろうか。

あきらかに、この批判は、ねじれているといわざるをえない。だからこそベルクソンは、この「ねじれ」を、後述する『持続と同時性』において解決しようとしたといえるだろう。だが、それがうまくいったかどうかは疑問だ。

8. 持続という空間

『試論』において「持続」という概念は、どのように登場するのだろうか。まずは「はじめに」の冒頭の一文をふたたびみてみよう。

みずからの考えをあらわすとき、われわれはかならずことばをつかう。何かをかんがえるとき、たいてい空間のなかでかんがえる。(DIvii)

ベルクソンの生涯を貫く作品群の、この最初の一文はじつに興味深い。これから生みだされる彼の作品すべてでは、もちろんことばによってつくりだされる。そのしごくあたり前のことを、あえてベルクソンは最初に書いた。ここには、彼自身も意識していないおおくの事柄がふくまれているとおもう。むろんひとつには、この稀代の名文家の自負のようなものが垣間《かいま》みえるだろう。わたしは自分の考えをことばで正確に表現することができる、つまり、われわれが思考を外化する唯一の手段をわたしは巧みにあやつれる、といった自負が。うがちすぎだろうか。

さらにもうひとつ。いわずとしれた、この哲学者のことばにたいする底知れぬ不信だ。われわれは、ことばという道具しかもちあわせていない。そしてこの道具は、かならずわれわれを裏切るだろう。どんなに自在につかったところで最後は、こちらのいう通りにはならない。ことばには、ことば自身の論理があるのだからといった思いもあるだろう。

そして、この文をいうためにも、ことばを用いてしまっているという点。「かならずことばを用いる」とことばでいうこと。どう追跡しても、ことば以外のものには、たどりつけない。ことばのなかで、すべては無限後退的に進行していく。ことばにたいする深い信頼と、ことばそのものの危険性、そしてそこから帰結することばの自己完結した状態。すくなくとも、この三つのことは、この一文（しかも前半）のなかにじっと身を潜めているとかんがえていいだろう。

ことばによる表現から、今度は思考の内容に移っていく。ここで「空間」がいきなり登場する。われわれは、空間という形式によってかんがえる、とベルクソンはいう。ただことばという手段をつかわざるをえない場合とはことなり、「かならず」（nécessairement）ではなく、「たいてい」（le plus souvent）の場合そうだという。ここにベルクソン哲学が目指しているものの困難さと、哲学そのものがたどるであろう隘路《あいろ》が、はからずも露呈しているのではないか。「たいてい」以外の数少ない場合だけ、「空間」をのがれた真の思考ができるのだから。

つぎに「ことばを用いる」、ひいては、「空間のなかでかんがえる」とは、どのようなことなのかが、はっきりのべられる。

いいかえれば、われわれは、言語をつかっているために、観念相互のあいだに、物質的対象同士のあいだとおなじように、明瞭で確定された区別をつけ、それらを不連続なものにしてしまう。こうした同一視は、実生活においては役にたち、大部分の科学ではなくてはならない。しかし、ある種の哲学的問題がひきおこす乗りこえがたい困難の原因は、空間のなかに位置していない現象を空間のなかにしつこく並置しようとする点にあるのではないか。(中略) 拡がっていないものを拡がっているものへ、質を量へと不当にも翻訳したために、たてられた問題そのもののうちに矛盾をもちこんだのだから、手にする答のなかにもおなじ矛盾がみいだされても不思議ではないだろう。(DIvii)

空間のなかに物質的対象は存在している。そして、その対象は、はっきり個別のものとしてわれわれの前にある。その対象とまったくおなじように言語も、それぞれの名詞によって区切られ、語という同質の空間内に存在しているかのようだ。観念をことばによって表現するということは、おなじ一律のものでできた語という等質の領域に、観念を投げこむことであり、それはつまり、空間のなかにある、一見はっきりと区切られた物質的対象とおなじようなものとみなすことだとベルクソンはいうのである。

このような操作をすることによって、この世界のすべての事象が、おなじ空間内にあるかのようにおもってしまう。しかし、ベルクソンによれば、この世界には、ことばでは表現できないもの、空間的な延長をもたないものがある。それが時間であって、それは持続する質的なものなのだ。

しかし、むろんその質的なものを、すべてのものを一律に量的なものにしてしまうことばによって表現しなければならない。延長とは縁もゆかりもないものを空間的延長と密接にかかわっていることばによって把捉《はそく》しなければならないのだ。このような方法で、はたして「持続」とよばれる、ことばをきびしく拒絶するものを追いつめることができるのか。ベルクソンは、どのような戦略をとるのだろうか。つぎに、「持続」という概念が、最初に登場する場面に移ろう。

『試論』第一章の最後にベルクソンは、それまでの要約をする。そこで「持続」がはじめて登場した。「持続」ということばがつかわれるまで、それは、「根柢的状態の内部に見分けられる単純な心的事実の多様性」「混雑した知覚」「内的多様性」(DI54)などとよばれていた。そしてつぎのような第二章を予告した文がつづく。

この後につづく第二章では、心的状態をひとつひとつ切り離して個別にとりあげることはしない。そうではなく、心的状態をその具体的多様性のうちにとらえ、それが純粋持続のなかで展開されるものとして考察する。その原因という観念をさしはさまないで、表象的感覚の強さとはなんであるかを問うたのとおなじように、それが展開される空間という観念を捨てたとき、われわれの内的状態の多様性はどのようなものであるか、持続はどのような姿をとるのか、それをつぎに考察しようとおもう。(DI54−55)

これが初出の「純粋持続」である。ここでの「純粋持続」は、「具体的多様性である心的状態がそこで展開されるもの」(ils se déroulent dans la pure durée) と表現される。ベルクソンは、内的状態の多様体が空間という観念から離脱したとき、どのような姿をとるのかという問題、つまり、内的持続そのものの把握を第二章のテーマにすると宣言しているわけだ。

しかし、ここで素朴な疑問を提示しておきたい。それは、「純粋持続のなかで」(dans la pure durée) といういい方だ。このいい方では、具体的な多様性が純粋持続そのものなのではなく、「純粋持続のなかで」多様性が展開するということになるだろう。たしかにフランス語の dans には、さまざまな意味がある (たとえば、「純粋持続という仕方で展開される」といった意味にとれないこともない)。だが、ここでいわれていることを素直にとれば、「純粋持続」は、多様性に対して場所的な、あるいは空間としてのあり方をしているといえるだろう。

たしかに、ここでは、たんなるいい方が問題になっているだけなのかもしれない。質的なもの (心的状態) が展開する場合には、その展開する場も質的なもの (純粋持続) であり、このふたつの質的なものは、結局はおなじものだ。しかし、言語によって表現するときには、どうしても、このような表現しかできない。何もベルクソンは、「純粋持続」を場所的なものとしてかんがえていたわけじゃない。そんなことは、あたり前ではないか。こう反論できるかもしれない。

しかし、もしそうだとすると、「心的状態」や「純粋持続」を、われわれはどのようにして把握するのだろうか。このようなものが、質的なものであり、あらゆる空間的なものから離れているのであれば、そもそも「心的状態」「純粋持続」という語によって表現できるだろうか。言語というのは、空間的なるものの代表なのだから。さらに、このような語によってあらわされた事態をイメージするさい、ある種の表象空間のようなものもつくるわけにはいかないだろう。「空間」のなかで思いうかべれば、おのずとその対象も空間的性質を帯《お》びてしまうとかんがえられるからだ。

このようにかんがえればベルクソンは、空間的なものを排除しようとしながら、やはり、どうしても空間的なものを全面的に排除できなかったのではないか。あるいは、そもそも原理的にそのようなことは不可能なのだろうか。後者の方が、事態をいいあてているようにもおもわれる。このむずかしい問題について本格的に論じる前に、「多様性」という概念について少しかんがえてみよう。

さきの引用においてベルクソンは、「内的多様性」「具体的多様性」といういい方をしていた。さらに第二章では、「質的多様性」といういい方もする。しかし、そもそも「多様」という概念には、問題がないだろうか。この概念のなかには、複数性、つまりは量的なものがふくまれているとおもわれるからだ。あるいは、べつのいい方をすれば、量的なものをみちびくための分析のようなものを前提しているのではないだろうか。そもそも「質的なもの」にかんして「多様」といういい方ができるのか、という問題があるだろう。

そのつどの質が、つぎつぎと変容しつづけるから「多様」といわれるのだろう。だとすれば、この「多様」を確認するためには、いくつかの異質さを比較するための空間が必要になるだろう。そのとき、その空間は、異質さをくらべるための「同質な空間」ということになるのではないか。このような空間をしつらえれば、たしかに「質的多様」という概念は成立するかもしれない。

さらに、「質的多様」と「量的多様」とを対比させてベルクソンは話を進めていく。しかし、ここでも、いまのべたのとおなじ問題が生じるだろう。対比するさい、量的なものと質的なものとを比較する基盤も設定しなければならないからだ。この基盤の設定のためには、よりメタレベルの空間化がここでおこなわれているにちがいない。そうでなければ、比較や対比はできないだろう。あたり前のことであるが、持続と点的な瞬間とを対応させるのは、原理的に不可能なのだから。これが可能であるためには、両者を比較するための等質空間をつくり、そのくらべるための空間に持続がおかれるときだけ、それを無理にでも等質なものにしなければならない。いわば持続を量に変化させるために「減速」しなければならないだろう。ようするに、もはや持続ではなくなる必要があるということだ。

たしかに、ベルクソンのおこなったような空間化の批判は正しいのかもしれない。しかし、その批判の対象である空間化が、空間化の議論をするさいにも必須の事態として背景にあるとすれば、どこまでいっても空間化の罠《わな》からは（それが罠であればの話だけれども）のがれられないのではないか。質的多様という概念の成立にも、質的多様と量的多様との比較のさいにも、空間を前提とせざるをえない。このようにかんがえれば、やはりベルクソンの「空間」批判は、もっとことなった視点からかんがえなければならなくなるだろう。

われわれの根源的なあり方である自他の非対称（自分と他人とは、絶対的に隔絶している。いわば、おなじ「場所・地平」には原理的にいない）をつよくとれば、自己の意識には、すべてがあたえられているのであって、直接あたえられたものだけをとりだすことはできない。ある種の全体的空間化がそこでは必要になるだろう。さきにのべた「自己を消失する一点」（補助点）をかんがえるならば、外界すべてがあたえられ、〈自己＝空間そのもの〉ということになる。結局のところ、どこまでいっても、あるいは、どこにもいかずに出発点においても「空間」の拘束からはのがれられない。

視点を変えてみよう。持続は持続しているのではなく、時間は流れているのではないのではないか。いや、べつの表現がいいかもしれない。持続や時間というのは、どのような状態なのか、そもそもけっして認識できないのではないか。われわれは記憶によって、流れる状態を個々人で創りだしている。記憶という異質の空間による「空間化」によって、時間の流れを、そのつど創出しているのだ。それは、だれかほかの人によって追認されるわけでもなく、ごく個人的なものであり、妄想や錯誤の可能性もそこには充分ある。だからこそベルクソンは、『持続と同時性』で、「持続は記憶だ」といい、その記憶を非個人的で一般的なものだというのだろう。

さらに自他の非対称をつよくとれば、『持続と同時性』でベルクソンが提出した「流れの同時性」(後で詳しく取りあげたい)という概念は、自己における妄想のようなものになるだろう。しかし、質的なものというのは、どうしても自他の非対称と深くかかわっている概念なのである。ようするに、個々人にとっての質とは、「われわれ」が主語になるような世界には登場しない。そうだとすれば、ベルクソンのいう「質的多様性」といったものは、原理的に検証できないものとなるだろう。

このような観点からすれば、純粋持続も、『物質と記憶』でベルクソンが純粋知覚についていっていたように「権利上存在するもの」としてかんがえるべきではないのか。「純粋持続」とは、理念的空間とおなじように、「理念的持続」とでもいうべきものではないだろうか。いつでも(時間的にも)どこでも(空間的にも)空間化はすでに侵入しているのだから。

われわれがつねに語り、そのなかで生きていると認識しているのは、「空間化された持続」だといえるだろう。あるいは、「持続という空間」といってもいいかもしれない。この場合の「持続」とは、記憶という空間において流れるものであり幅があり一定の領域をもつ。それにたいして、まったく流れずまったく空間的でないものがあり、それは、この空間化を免《まぬが》れない世界にはけっして登場しない。それが持続するのか、いわば凍結したままなのか、あるいは無なのかはわからない。ただそのようなものの可能性は否定できないとしかいえないだろう。

そうはいっても、意識は流れ、世界も刻々と変容しつづけているではないか。このように、すべてがことごとく持続した状態にあること。このことをどのようにかんがえればいいのか。

9. 数を数える

あらためて『意識に直接あたえられているものについての試論』を読んでみると、以前読んだときにはわかったつもりになっていたことが、まったくわかっていなかったことに気づいた。それは、おなじ文章の新たな意味がわかったというのではなく、書かれている事態のわからなさに愕然《がくぜん》としたといった方が近い。いままでわかったつもりになっていた「イメージ」や「空間」ということばが、何を意味しているのかかいもくわからないのだ。

自分自身の経験には、そのようなことばにあたるものが、よくかんがえてみるとみいだせないことに気づいたということだ。これまでは、ベルクソンが書いているのだから、だれもがもつ経験にちがいないとおもっていた。自分自身の経験をつきつめずに漠然とそうおもっていたのだ。あるいは、それなりの観念(「イメージ」や「空間」といったもの)を、経験とは関係なく自分なりに創っていたのかもしれない。

ベルクソンがそう書いているのだから、彼自身は、たぶんそのような経験をしているのだろう。だが、それはわたしの経験ではない。わたしには納得できないことが書かれている。しかし、もし哲学というものが、自分の経験にはないことを、思考のなかで構築し記憶し、あたかも、それがだれもが共有している経験であるかのように語るゲームなのであれば、それはそれで、ひとつの特殊なゲームとして認めてもいいだろう。とてもつまらないゲームかもしれないが、このゲームに熟達することこそ哲学の習得だ。おそらくわたしは、無意識にではあるが、このような考えをもっていたのかもしれない。

この構造は、もちろん、哲学という営為にかぎらないだろう。この世界で生きていくためには、この世界のゲームに参加しつづけなければならない。この世界のゲームのほとんどすべてのルールが、わたしには釈然としないけれども、それは仕方のないことなのかもしれない。歴史上も現時点でも、おおくの人たちが、黙々と、この「世界ゲーム」のルールにしたがっているのだから。ベルクソンはベルクソンで、自らが経験したことを深く緻密《ちみつ》につづっている。そして、おおくの人たちが、その哲学に感銘を受けているのだから、彼の経験をおおくの人たちも共有している(あるいは、そう錯覚できる構造がある)とかんがえた方がいいのだろう。しかし、本当にそうであるかどうかは、当然のことなからだれにもわからない。

あまりつかいたくない用語だけれども、「クオリア」のようなものがあるとすれば、それぞれがそれを感じていて、それぞれの文章をつづっていくということなのだろう。その「クオリア」が共通しているかどうかは、だれにもけっしてわからない。しかし、言語というルールだけは共有している（ただ、おおくのことなった言語があるので、これも、そう簡単ではないのだけれども）のだから、なにかしら議論をはじめても問題はないということか。それぞれが、精神病理学的状況であったとしても、おおくの人たちがもつ妄想が、ときに共通していれば、それなりの世界が構築できるのだろう。それは、たしかに奇跡的なことにちがいない。だが、この問題に深入りしても仕方がないだろう。答がでないのはあきらかだから。

『試論』第二章は、「意識の諸状態の多様性について——内的持続の概念」というタイトルになっている。ここで「持続」という概念が本格的に導入され論じられる。ベルクソンの著作全体で、「持続」という概念がもっとも深く論じられるのは、『試論』のこの章と、『持続と同時性』の第三章「時間の本性について」であろう。したがって、このふたつの章を少し細かくみていきたい。

先述したように、『試論』のこの章は、ベルクソンの空間論としても読める。つまり、本章では、空間の裏面としての持続という語り口がおおくとられているというわけだ。最初は、羊五〇頭を数える例がだされる。五〇頭を数える場合に、その全体をひとつのイメージとしてとらえるためには、どうしても「理念的空間」が必要になるという。その空間のなかに並べなければ、五〇頭を数えることはできないからだ。それにたいして、一頭ずつ思いうかべる場合には、空間は形成されないが、しかし同時に五〇頭全部を数えあげることは不可能になる。ベルクソンは、つぎのようにいう。

もうひとつの場合は、五〇頭の羊の一頭一頭のイメージを思いうかべながら、それを五〇回繰りかえすことになる。この場合には、五〇頭の羊は空間ではなく持続のなかに位置することになるだろう。しかし、実際にはこういうことにはならない。なぜなら、五〇頭の羊を一頭ずつ切り離して思いうかべることはできても、わたしの関心は常に一頭の羊でしかないからだ。わたしが数え進めるにつれて、その数が増えていくためには、つぎつぎとあらわれる羊のイメージをすべて保持していて、それらのイメージをわたしの観念のなかでつぎつぎに更新される新しい羊に並置しなければならない。しかし、このような並置がおこなわれるのは空間においてであって、純粋持続においてではない。(DI57−58)

ここでは「空間」と「純粋持続」とを対比させて、五〇頭の羊が並置されるのは空間であり、純粋持続ではないといっている。しかし、はたしてそうであろうか。たしかに五〇頭の羊が並置された図を思いうかべるのであれば、その図は空間のようなものになるであろう。しかし、その図も、それを「思いうかべている純粋持続」において生じているのであって、空間的なものが純粋持続にとって代わるわけではない。われわれの意識は、つねに持続している。その持続において、さまざまな思考や意識現象が生じているからだ。

ぎゃくに、ここでいわれている純粋持続であっても、それは幅のない点的な時刻ではなく、幅をもつ持続なのであるから、一頭二頭三頭四頭……、そして五〇頭と、その持続を空間のようなものにして羊五〇頭を思いうかべることは可能であろう。このようにかんがえれば、持続も充分空間化できるのではないか。

ただ「空間」といういい方をして「持続」と対立させるので、このような説明になるのだ。五〇頭を思いうかべるとき、われわれの意識内の持続において（もちろん記憶をもつわれわれの持続において）、その行為が成立していることだけはたしかだし、ぎゃくに持続を拡張していけば、五〇頭分に拡がることには何の不思議もない。ベルクソンは、ここで思いうかべる行為そのものと、思いうかべているイメージ（対象）とを混同しているようにおもわれる。

さらに、「数を数える」という行為についてベルクソンは語る。数を数えるとき、われわれは、当然のことながら前に数えた数を記憶することによって、つぎの数へと移行できるだろう。五〇という数を数える場合についてベルクソンはつぎのようにいう。

そして、五〇番目の数までできたときに、この数を持続のなかで、そしてそのなかでのみ構成したのだとおもうだろう。たしかに、こうして数えてきたのは持続のそれぞれの瞬間であって、空間の各点ではない。しかし問題は、こうして持続の各瞬間を数えるのに、空間の各点をつかってはいないだろうか、ということなのだ。（DI58）

われわれがつぎつぎと数を数えるとき、いま数えている数を前の数に重ね、ある種の空間をつかっ

ているのではないのか、というわけである。つまり、

ことなった項を継続的にかんがえることで総和は得られるのであるが、各段階にある項はつぎの項にわれわれの関心が移るときにもそこにとどまって、いわば、つぎの新しい項に加えられることを待っていなければならない。(DI59)

このように「とどまって」「待つ」ためには、空間が必要なのではないかとベルクソンは問う。はたしてそうだろうか。ベルクソンは、ふたつの疑問文でたたみかけ、つぎのように結論をいう。

もしそれが持続の一瞬間でしかないとしたら、その項はどうして待つことができようか。また、その瞬間を空間内のどこかに位置づけないで、どこで待てばいいのだろうか。われわれはしらずしらずのうちに、自分が数える各瞬間を空間内の一点に固定しているのである。(DI59)

しつこいが、はたしてそうだろうか。われわれが数を数えるとき、どれほど速く数えても、かならず時間の幅はあるはずだ。だとすれば、ここでベルクソンが「持続の一瞬間」というのを「時間の持続」ということもできるはずだろう。そのようにいいかえることができるのであれば、瞬間を空間内のどこかに位置づけるのではなく、「持続」という空間に位置づけられるのではないか。数えるさいにわれわれは、数えた記憶を積み重ねることによって数を追加していく。そのような「記憶」を「空

間」とよんでも何らちがいはないし、それどころか、「持続」とよぶほうが、実情に合っているとおもわれる。しかしベルクソンはつぎのようにいう。

しかし、単位を加算する場合のように、現在の瞬間にそれ以前の瞬間をくわえるときには、実際にその操作がおこなわれているのは、先立つ瞬間にたいしてではない。それらの先立つ瞬間はすでに完全に消滅しているのだから、操作も何もない。そうではなくて、存続しうる痕跡にたいしてなのだ。ただ、先立つ瞬間が空間内を通りすぎながらそこにこの存続しうる痕跡をのこした、とわれわれにはみえているだけなのだ。(DI59)

ベルクソンの純粋持続において、そもそも「瞬間」という概念が登場すること自体疑問がある。持続は有機的に、そして雪だるま式に流れていくわけだから、「瞬間」などは切りとることはできないし、もし「瞬間」を切りとったにしても、それが幅のあるものであるならば、それは持続だ。しかし、このことはいまは問わない。瞬間を認めることにしよう。だが、ここでいわれている「存続しうる痕跡」とは、どのようなことか。

われわれはつねに持続している。それは、有機的で途切れることのない連続である。このことは何もベルクソンの概念をもちだすまでもなくあたり前のことだ。そしてわれわれが時間についてかんがえるとき、空間的な領域を設定してしまうのもたしかなことだろう。しかし、このふたつのことは、まったくべつのことなのではないか。

つまりこういうことだ。われわれが時間について、それを数直線上の t としてかんがえようが、「持続」ととらえようが、それを対象化しているかぎり、空間化しているということに変わりはない。そして、そのような空間化の作業をわれわれがおこなっているときだって、時間は持続し有機的に連続していく。ベルクソンは、このふたつのことなる次元を混同しているのではないだろうか。

ベルクソンのいう「直観」は、その対象を内側から絶対的に認識する方法であった。そのように認識する場合でも、ベルクソンもいうように、直観という方法は、ある種の反省なのである。つまり、対象と完全に一体になったのでは、そもそも認識などできなくなるからだ。だとすれば、そこにはかならず空間化が成立せざるをえない。

われわれが時間の流れを「流れ」として認識することができるのは、記憶という能力をもっているためであった。記憶がなければ、変化する前の状態を保持することができないから、時間は流れず、全世界はそのつど刹那に消滅していくことになる。このような観点からするならば、記憶されたものというある種の空間がなければ、われわれは時間の流れを認識できないのではないか。記憶とは、空間ではないのか。

10. 理念的空間

少し先走りすぎたのかもしれない。あらためて、『試論』第二章をたどってみよう。かなりしつこいかもしれないし、引用箇所も重複するけれども、ふたたびあの「五〇頭の羊」に戻ろう。五〇頭の羊の数え方を、ベルクソンはふたつに分ける。

ひとつは、

五〇頭の羊全体をおなじひとつのイメージとしてとらえることになるだろう。その場合には、当然ながら、われわれはある理念的空間のなかにそれらの羊を並置することになるだろう。（DI57）

というやり方だ。ここで「空間」という概念が登場する。あらためて、この概念はどのようなものなのか。そもそも「五〇頭の羊全体をおなじひとつのイメージでとらえる」とは、どのような事態なのだろうか。五〇頭の羊全体が、イメージのようなものとして、頭に浮かぶというのだろうか。少なくともわたしにかんしては、そのような事態がおこっているとはおもえない。たしかに、そのようなイメージを無理につくればできないことはないかもしれない。しかし、それが五〇頭なのか、四五頭なのか、羊なのか山羊なのか羚羊《れいよう》なのか、よくわからない。そういうイメージらしきものが浮かんでいるような気になるだけだ。たしかなのは、「五〇頭の羊」ということばだけである。そのことばがイメージとどうかかわり、それがそもそもどういうものなのかはわたしにはよくわからない。

無理につくりだそうとしてその程度なのだから、五〇頭の羊を数えるさいに、そんな面倒なこと（イメージを一挙に思いうかべる）をしているとは、とうていおもえない。イメージについては、あくまでも私的なものなので、わたしのデータは、自分自身の経験から手にいれるしかない。したがって、これ以上のことは、漠然としすぎているので、これくらいにしておきたい。ただ、確認しておきたいのは、イメージのような私的な経験は、言語化されることによって、おおくの錯誤がつきまとうということだ。つまり、言語化されると、そのような経験をだれもが共有していると、暗黙の裡《うち》に認めてしまうことがありはしないかということである。

つぎにベルクソンは、そのようなイメージとしてとらえる場合には、「当然ながら」「ある理念的空間のなかにそれらの羊を並置する」（DI57,76）という。これは、どういうことか。わたしたち（厳密にいうと「わたし以外のわたしたち」）は、たしかに五〇頭の羊を全体としてとらえることができるようにもおもわれる。しかし、さきにのべたように、少なくともわたしにかんしては、何がおこっているのかよくわからない。「五〇頭の羊」といわれれば、その意味するところはたしかにわかる。しかし、それをイメージしているのか、「五〇頭の羊」ということばによって、何かが（それを「意味」とよびたければ、よんでもいいだろう）こちらに喚起されるのか、よくわからない。だから、「イメージとしてとらえる」ということを、だれもが共有するできごとだと前提して、そこから、「理念的空間」という概念を導かれても、なにも検証できないし、ましてや、納得などとうていできない。たしかにいっていることはわかる。そのような事態を想定することもできる。自分とはかかわりのない小さな物語のようなものとして。さらに、説得力をもつ構図であることもよくわかる。ただ、どうしても、わたし自身の経験としては、少なくともそんな事態は成立していない。

だからこそ「理念的空間」なのか。つまり、だれの経験においてもおこりえない「空間」だから、「理念的空間」というのだろうか。そうではあるまい。わたしたちの現実には、事実としてあらわれることのない「空間」だから、「理念的空間」というのだろう。事実としてはあらわれないけれども、「理念的空間」の内的な経験は、それぞれの人が観念の領域でしているというわけだ。しかし、本当にそのような「空間」が必要なのか。あるいは、われわれが、そのような「理念的空間」を設定しているのだろうか。

それにたいして、もうひとつの場合。「五〇頭の羊の一頭一頭のイメージを思いうかべながら、それを五〇回繰りかえす」（八八頁）場合。しかし、ここでも「イメージ」というのがよくわからない。本当にイメージしているのか。ただ数えているだけではないのか。たしかに何を数えていたのか、とあらためて反省すれば、羊のことだと思いだすかもしれない。だが、それでも、数えていたとき羊のイメージが浮かんでいたとは、とてもおもえないのだ。五〇頭の羊を一頭一頭そのイメージをおもいうかべるなどというのは、少なくともわたしのなかでは、けっしておこってはいない。引用してみよう。

もうひとつの場合は、五〇頭の羊の一頭一頭のイメージを思いうかべながら、それを五〇回繰りかえすことになる。この場合には、五〇頭の羊は空間ではなく持続のなかに位置することになるだろう。しかし、実際にはこういうことにはならない。なぜなら、五〇頭の羊を一頭ずつ切り離して思いうかべることはできても、わたしの関心は常に一頭の羊でしかないからだ。(DI57)

さきにのべたように、ここでも「空間」という語がでてくるが、これはおそらく前の「理念的空間」とおなじものなのだろう。したがって、それがどのようなものなのかよくわからない。さらにわからないのが、この「空間」と対立して登場する「持続」である。一頭一頭思いうかべる場合には、「持続のなかに位置する」という。しかし、「五〇頭の羊を一頭ずつ切り離して思いうかべることはできても」、それは一頭だけなので、五〇頭すべてを思いうかべることはできないという。つまり、

わたしが数え進めるにつれて、その数が増えていくためには、つぎつぎとあらわれる羊のイメージをすべて保持していて、それらのイメージをわたしの観念のなかでつぎつぎに更新される新しい羊に並置しなければならない。しかし、このような並置がおこなわれるのは空間においてであって、純粋持続においてではない。(DI57—58)

むずかしい問題がある。一頭を思いうかべるのは純粋持続であって、五〇頭すべてを思いうかべる

のは空間というのが、ここでベルクソンのいいたいことだろうか。そうだとすると、とてもおかしなことになってしまうのではないか。まず一頭を思いうかべるためにも、ある種の幅が必要だろう。思いうかべることが可能であるためには、その純粋持続は、空間を一切ふくまない純粋持続であるといいながら、(しかし、持続しているわけだから当然なのだが）幅がなければならない。その幅のなかに、一頭は充分はいるが、五〇頭ははいらないといっているのか。持続という状態にわれわれがいるとき、羊一頭分の余地しかその持続にはないというわけか。しかし、そのようにわれわれが持続しているにもかかわらず、つぎつぎとあらわれる羊のイメージをすべて記憶にとどめ、更新される新しい羊に並置しつづけることはできる。ただし、「空間」が成立すれば、とベルクソンはいう。

だが、この「空間」とは、いったいなんだろうか。われわれは、あくまで持続している。そのとき観念において空間的操作がおこなわれていたとしても、それは、そのときの持続している状態とは関係ないのではないか。あるいは、持続には幅があり、そこに羊一頭分の領域があるのであれば、なぜ、それが五〇頭分にならないのだろうか。それが五〇頭分であれば「空間」であり、一頭分であれば「持続」だ、ということなのか。五〇頭の羊を並置する「空間」とは、いったい何なのだろうか。

つぎにベルクソンは、数の観念の形成についてのべる。われわれの数にかんする観念は、具体的な数体験（一列に並べられたボール）から出発し、点に移行し最終的に数の記号になるという。そして、記号によってのみ計算するようになる。しかしベルクソンは、数そのものを思いえがこうとすれば、やはり「空間」が必要になるという。数を数えるとき、われわれは時間的持続のなかだけで数を構成しているわけではなく、空間的なものが必要だというのである。ベルクソンのことばをきいてみよう。

しかし問題は、こうして持続の各瞬間を数えるのに、空間の各点をつかってはいないだろうか、ということなのだ。(DI58)

ここでまた、あのよくわからない「空間」が登場する。われわれが数の計算をするとき、足す数にたいして足される数は、どこかになければならないとベルクソンはいう。引用しよう。

なぜなら、ことなった項を継続的にかんがえることで総和は得られるのであるが、各段階にある項はつぎの項にわれわれの関心が移るときにもそこにとどまって、いわば、つぎの新しい項に加えられることを待っていなければならない。(DI59)

たしかに待っていなければならないだろう。しかし、それが幅のある持続のなかであってはいけないのだろうか。持続は記憶というかたちで存在している。だとすれば〈持続＝記憶〉こそが、ベルクソンのいう空間ではないのか。しかし、ベルクソンは、その反対のことをいう。

もしそれが持続の一瞬間でしかないとしたら、その項はどうして待つことができようか。また、その瞬間を空間内のどこかに位置づけないで、どこで待てばいいのだろうか。(DI59)

何度もいうようだが、この「空間」とは、どのようなものなのか、手がかりさえない。もし、このような場合に、空間があるとすれば、それは持続のなかにしかないのではないか。さらにつぎの箇所で、ベルクソンはこういういい方もする。

しかし、単位を加算する場合のように、現在の瞬間にそれ以前の瞬間をくわえるときには、実際にその操作がおこなわれているのは、先立つ瞬間にたいしてではない。それらの先立つ瞬間はすでに完全に消滅しているのだから、操作も何もない。そうではなくて、存続しうる痕跡にたいしてなのだ。ただ、先立つ瞬間が空間内を通りすぎながらそこにこの存続しうる痕跡をのこした、とわれわれにはみえているだけなのだ。(DI59)

この「存続しうる痕跡」(la trace durable) とはなんだろうか。この痕跡とは、記憶のことではないのか。持続が幅をもってつづいていることの証拠ではないのか。そのような「痕跡」をどこで確認するのか。

さらにベルクソンは、数について語る。数を形成するとき、必要な単位はふたつあるという。

ひとつは決定的単位で、自分を自分自身に加えながら数を構成する単位。もうひとつは、暫定的《ざんてい》単位で、それ自体は多数でありながら、知性がそれを統覚するときの単一な行為からその単一性を

借りてくるような数にそなわる単位だ。(DI60)

しかし、このふたつの単位は、後者の「暫定的単位」に最終的にはまとめられ、「対象としての単一性」ということになる。こういうことだ。自然数の単位である1は、たしかに「決定的単位」であるが、たとえば分数という概念がはいってくれば、いくらでも分割可能な「暫定的単位」となる。したがって、どのような数も、それが単位というはたらきをするさいには、「暫定的単位」ということになるだろう。そして、このふたつの単位の分類といれかわるようにでてくるのが、「対象としての単一性」と「行為の単一性」である。「対象としての単一性」とは、ようするに「暫定的単位」であり、単一のものとして使用するときには単位となるが、必要とあれば分割することもできるものだ。

それにたいして、「行為の単一性」とは、われわれがたとえばひとつの数を数えるときの「単一性」のことである。どのような行為であろうと、それは単一のあり方でなされるとベルクソンはつぎのようにいう。

さらによくかんがえてみれば、すべての単一性は精神の単一の行為の単一性によるものだということがわかるはずだ。(DI60)

あるいは、つぎのようにもいう。

だから、あなたがある数を構成するときにつかった単一性が、対象としての単一性ではなく、行為の単一性であるとすれば、どんなに分析してみてもでてくるものは、その純粋な、あるいはあくまで単一な単一性でしかない。(DI60－61)

「精神の単一の行為の単一性」「行為の単一性」とは、どのようなことなのか。ベルクソンによれば、われわれの行為や意識の状態は、つねに持続の状態にあり、とぎれることはない。そしてこの持続は、有機的な連続であり、その一部分を切りとると根本的に変質してしまう。もしそうだとすれば、「行為の単一性」というかたちで、有機的な連続から単一の持続を切りとることはできないのではないか。ベルクソンのことばをきこう。

他方もし、精神の単一の行為を特徴づける決定的な単位が問題になっているならば、どのようにして、この単位を分割することができるだろうか。その単位を、直観においては単一だが空間においては多数であるような拡がりをもった事物として暗黙のうちにみなすのでなければ、どうして単一のものであると主張しながら、そのおなじものを分割できるだろうか。(DI60)

しかし、そもそも「精神の単一の行為」という切りとり方ができないはずではないか。ここですでにベルクソンは、自ら禁じているはずの「空間化」を、おこなっていたのではないだろうか。単一性が成立するためには、「単一」分の空間がなければならないだろう。連続した行為連関（世界とわれわれが一体となった流れ）から「単一の行為」を切りとるためには、それだけの幅がどうしても必要だ。

持続には、あたり前のことであるけれども、幅が必要なのである。したがって、持続という概念には、すでに「空間」がふくまれているといっていい。たしかに理念的な「瞬間」のようなものはあるだろう。しかしそれは、大森荘蔵の比喩をかりれば「ヨウカンの切り口」（『流れとよどみ』一〇八頁）にすぎない。時間の流れをせきとめて、瞬間を切りとろうとすれば、時間の流れという長さのあるヨウカンにナイフをいれなければならない。しかし、いざ切ってみると、そこにはなにもない。流れていた（長さがあった）はずの時間は、消えてなくなっている。

だから、持続には、長さがなければならないだろう。さもなければ、それは流れでも時間でもなくなってしまう。持続は、長さのあるヨウカンなのだ。つまり、幅のある空間なのである。それとも、ベルクソンのいう「持続」とは、特殊なヨウカンなのだろうか。

そもそも空間によって何かを表現すること（たとえば、五〇頭の羊を同一の空間で思いうかべる）と、持続を等質空間として思いえがくことは、まったくことなった行為だ。前者は、われわれが通常おこなっている、ある種の抽象的な思考であり、これはとりたてて問題にするほどのこともない。それにたいして後者は、ベルクソンによれば真の持続のあり方を壊してしまう。明らかに錯誤だ。たしかに前者をわれわれが普段からおこなっているから、後者の錯誤もおかしてしまうのだろうが、しかし、このふたつを安易におなじものとかんがえるわけにはいかない。そして、いまのべたように、じつは「持続」も空間というあり方をのがれられないのであれば、後者の「空間化」を錯誤といえるかどうか、よくわからなくなる。

それとも、ベルクソンのいう「持続」とは、そのような「空間」とはことなるものなのだろうか。たとえば、こういうことだろうか。「持続」というのは、あくまでも内的な状態であり、意識に直接あたえられているものである。だから、「空間」などという抽象化とはもっとも遠い唯一無二の有機的状態だ。それにたいして空間とは、対象と距離をとって、おおくのほかの対象を同一の平面にならべ、数量的に処理できるものなのだ。したがって「持続」と「空間」とは、根本的にことなる。

しかし、この区別は、「持続」と「空間」との区別というよりも、内的な質と外的な量化とのちがいといった方がいいだろう。時間だろうが、空間だろうが、それを内側から体験していれば、質的で唯一無二のものとして感じるのだし、それを外側から分析すれば、数量的で空間のなかで相対化されるものとなる。時間だろうが空間だろうが、それはおなじことではないだろうか。ベルクソン自身、空間が質的なものであることに言及していたではないか。

だからベルクソンの持続観というのは、持続というよりも、内的な質のあり方に焦点を当てているだけであり、空間化と対立するわけではない。持続も、あきらかに空間的なあり方をしているのだから。

さらにベルクソンは、「主観的」と「客観的」という区別の説明をする。

実際注意してもらいたいが、われわれが主観的とよぶものは、完全にそして十全に知っているとおもわれるもののことであり、客観的とよぶものは、絶えず増えつづけるおおくの新しい印象が、それらについてわれわれが現に知っている観念にとって代わられるような仕方で知られるものなのだ。こうして、複合的な感情をかんがえてみれば、そこには数多くのより単純な要素がふくまれるということもあるだろう。しかし、これらの要素が曇りなき明瞭さで姿をあらわさないかぎり、完全に現実化されたとはいうことはできない。また、意識がそれらをはっきりと弁別して知覚した瞬間には、それらの統合が生みだしていた心的状態は、まさにそのことによって、べつのものに変わってしまう。(DI62)

まずよくわからないのは、「主観的とよぶもの」をわれわれが「完全にそして十全に知っている」ということだ。「主観的なもの」を、われわれは「知っている」わけではない。もちろんこれは、「知っている」という語の定義の問題だ。ただ、少なくとも、「主観的な」知り方と「客観的な」知り方とはことなる。「知っている」という語を同一の意味でつかうのであれば、「主観的に」知っているものは、「客観的に」知ることはできないし、「客観的な」知り方では、「主観的な」ものを知ることはできない。あるいは、こういった方がいいかもしれない。「主観的な」ものを「客観的に」知ると、それは、「主観的な」ものではなくなる、と。

ベルクソンもおなじことをいいたかったのかもしれない。そうだとすれば、「主観的に知る」といったいい方は慎むべきだろう。同じ仕方で「知る」わけではないというのが、「主観的」「客観的」の絶対的な断絶なのだから、ことなった用語をつかうべきだろう。したがって、ここにもさきに指摘した混同がある。つまり、主観的なものは、そもそも「質的」なものであり、〈知る／知らない〉以前の対象化できないXである。それに対して、客観的なものは、空間を設定して、そこで対象化し、比較したり数量化したりできる。したがって、元来、主観的なものであったとしても、それを客観的に対象化することはもちろん可能なのだ。たとえば、「持続」という幅のある空間を切りとり、それについて説明するといったことは、客観的なものの認識ということができるだろう。

「主観的」「客観的」の対立をベルクソンは、以下のようにまとめる。

精神に本来属するものは、特定の空間のさまざまな部分に、継起的に注意を集中していく不可分の過程だ。だが、こうした孤立した部分が保存され他の部分に結合し、いったん相互に加算されてしまうと、どんな分解にも適応するようになる。したがって、これらはまさに空間の部分であり、そして空間とは、精神が数をつくりだす素材であり、精神が数を位置づける環境なのだ。(DI63)

人間精神の不可分な過程と、対象化された「空間」とは、あきらかに位相がことなる。人間精神の不可分な過程は、その過程のなかで何がおころうが、どこまでも不可分なままつづいていく。むろんその分けられない過程のなかで、その人間精神が、ある対象を客観的に認識しようとすれば、当然のことながら、そこに「空間」が必要となるだろう。認識とは、空間をつくり、そこに対象を据えるはたらきともいえるからだ。それにたいして、精神そのもののはたらきは、そのような認識作用の出発点として、構造的に認識されえないものとしてある。ようするに精神とは、けっして認識されることのない(「知る/知らない以前」の)Xなのではないか。

11. 聴覚空間

つぎにベルクソンは、二種類の「物の集合」を区別する。われわれが物を数えるさいに、その対象には二種類あるという。つぎのように話しはじめる。

物質的対象というういい方をするとき、われわれは、それらはみたり触れたりできると暗に示している。つまり、それらを空間のなかに置いているのだ。その時点で、それらを数えるのに、記号を創ったり記号であらわしたりする必要などなくなる。それらがわれわれの眼に映っている環境そのものにおいて、まずそれらを別々に、ついで同時にかんがえさえすればよい。しかし、心の純粋に感情的な状態、あるいは、視覚や触覚の表象以外の表象に向かうときには、事情はもはやおなじではない。この場合には、対象となるものはもはや空間内に存在していないのだから、それらを数えようとすれば、何らかの記号による形象化の過程によるほかはないことは、やってみるまでもなくわかるだろう。(DI63－64)

ひとつには、いわゆる物質や物体の集合だ。これらは、空間のなかに存在し、それをわれわれは知覚でき、直接数えることもできる。複数の対象をまとめて思考することもできるし、ひとつひとつかんがえることもできる。それにたいして、人間の感情の状態はそうはいかない。それらは、そもそも知覚することなどできないのだから、まずは明確な対象にしなければならない。単一の対象としてわれわれの前に登場しないかぎり、数えることはできないからだ。そのためには、記号（言語）にしなければならないだろう。

言語化することによって、人工的な空間をつくるといっていいのかもしれない。ある曖昧で錯綜した感情の流れを、「哀しい」と表現することによって、ひとつの〈哀しさ〉を指摘することができるというわけだ。言語体系という背景をつくり、そのなかに「哀しい」という語をいれることによって、〈哀しさ〉が対象化される。

もちろん、これは、無理に数える場合の作業であって、そんなことは、通常だれもしない。感情の状態を数えるなどというばかげたことは、どれほど暇であってもだれもしないだろう。感情を数えることにどんな意味もないからだ。ところが、ベルクソンにいわせれば、時間（持続）を数えるというのは、こういう無理なことをしているということになる。しかし、いまはまだ、そこまで話は進んではいない。

つぎにベルクソンは、べつの例をだす。遠くで鳴っている教会の鐘の音をわれわれがきく場合、どのようにそれを数えるかという例だ。ベルクソンは、ここでもふたつの場合に分ける。

第一の場合、わたしはこの継起的な感覚のひとつひとつを記憶し、それを他の感覚と組みあわせてひとつにとりまとめ、いままでにきいたことのある曲やリズムとしてきく。この場合、わたしは鐘の音を数えるのではなく、音の数がわたしにあたえた、いわば質的な印象をとりまとめているだけだ。第二の場合、わたしははっきり鐘の音を数えようとする。そのとき、わたしはそれらの音をどうしても引き離さなければならないだろう。そして、この分離がおこなわれるのは、あるひとつの等質的な環境においてであり、そこでは、鐘の音はそれぞれがもつ質を奪われ、いわば空っぽにされ、その経過の均一な痕跡だけをのこす。(DI64－65)

「継起的な感覚のひとつひとつを記憶し」といういい方は、あきらかに感覚を数える表現である。たしかにこの場合は、「わたしは鐘の音を数えるのではない」といっているように、意識的に音を数えようとはしていない。しかし、直後の「音の数」といういい方でもわかるように、数という概念は、この行為のなかにまぎれもなくはいりこんでいる。この場合の数は、この行為の背景をなしているといってもいいだろう。したがって、われわれにはいってくるのは、あくまで質的な印象だけだ。それなのに、なぜ、「ひとつひとつを記憶」できるのだろうか。それは、「記憶」が、この場合の数という概念の成立の場になっているからだろう。いいかえれば、「記憶」という「空間」があるからこそ、複数の鐘の音が、「いままでにきいたことのある曲やリズム」になり、質的な印象をこちらにあたえるのだ。これは、「空間化」の一種ではないのか。

他方、第二の場合はどうだろう。鐘の音の数に意識を向け、メロディやリズムがきこえてこないようにする。たしかに、このような意識の向け方をすれば、数をかぞえることができるだろう。鐘の音によるメロディやリズムを完全に排除して数だけに集中するのだから。そのとき、音は相互に引き離されるとベルクソンはいう。そして、それが可能になるのは、「あるひとつの等質的な環境」を設定しているからだ。このような等質的な環境において、鐘の音は、その質を失い数となる。

たしかにそうかもしれない。しかし、「記憶という環境（場・空間）」と「等質的な環境」とは、それほどことなっているのだろうか。ここで確認したいのは、「等質的な環境」ももちろん「記憶という環境（場・空間）」だということだ。われわれが、記憶という場をもたなければ、「等質」だろうが「異質」だろうが、場（環境）そのものが成立しない。だから問題は、こうなるだろう。「記憶という環境（場・空間）」において、「等質的な環境」を特別視する理由があるのか。

「等質的な環境」において、ベルクソンが問題にするのは、本来の質を失うということだ。「そこでは、鐘の音はそれぞれがもつ質を奪われ、いわば空っぽにされ、その経過の均一な痕跡だけをのこす」というわけである。たしかに、鐘の音がたんなる数になってしまったのだから、質や内実は失われた。それは、とりもなおさず「均一な痕跡だけ」がのこっていることになるだろう。

だが、第一の場合でも、ある曲やメロディ・リズムになる前の「ひとつひとつの記憶」は、あくまでも過去の痕跡であり（なんといっても、記憶なのだから）、生きいきした質や内実は、すでに失っているはずだ。変容する前の、そのつどの質や内実を、ある程度は保っているかもしれないけれども、それが痕跡であることにはちがいがない。

このようにかんがえると、第一の場合も、第二の場合も、「空間化」がおこっていることはおなじということになるだろう。さらに、そこに登場しているのが「痕跡」という点でも、おなじことになる。ただひとつ、その場が、等質か否か、ということだけがちがいになっているといえるだろう。

さらにつぎに進んでみたい。ベルクソンは、こういう。

音が分離されるのは、音と音の間に空白の時間がはさまれているからだ。音を数えることができるのも、きこえては消える音と音との間にその空白があるからだ。この空白が、純粋持続であって空間でないとすれば、どうしてこの空白がそこにとどまることができよう。それゆえ、この数えるという操作がおこなわれるのは、たしかに空間のなかのことなのである。(DI65)

われわれが、ある特定の物質的対象を認識するためには、その対象は空間のなかになければならない。ある対象が「図」としてこちらに浮かびあがるためには、そのまわりに「地」という空間がなければならないだろう。したがって、われわれの世界に存在するものすべては、何らかのかたちでかならず「空間」という背景をもっていることになる。

さらに、その対象を、たとえば「机」となづけるとき、その「机」は、言語的な空間のなかに位置づけられたといえるだろう。「机」という語は、日本語という体系(空間)のなかに存在しているからだ。体系のなかにあることによって、「机」となづけられたものが認識されることになる。つまり、言語化という事態が生じるとき、その背後には、その語が所属する言語の体系という「空間」がかならず存在していることになるだろう。

われわれの思考や認識そのものもおなじことだ。何らかの対象を認識したり思考したりするためには、その背景に「空間」がなければならない。認識や思考が展開される場だといっていいかもしれない。何かを認識したり、何かについてかんがえたりするとき、その「何か」が対象化され際立つためには、その背景が必要だろう。この「空間」は、おそらく言語的なものによって構成されているだろうが、言語体系という「空間」そのものではない。その基底には、もちろん「言語空間」があるにしても。そのつどの思考や認識を成立させるための、いわば「観念的な空間」とでもいえるものだ。

さらにいまの引用に登場した「空間」があるだろう。鐘の音と音とのあいだに空白がある場合、その空白を空間といえるかもしれない。ふたつの鐘の間に空白があるからこそ、その空白が「地」になって、鐘の音を「図」として際立たせるというわけだろう。どんなに鐘の音が響いていたとしても、ふたつの鐘の音の間が、完全に無音になることはない。しかし、鐘の音にだけ焦点を合わせていると、そのほかは、いわば「つくられた無音状態」になる。特定の音を浮かびあがらせるための、このような音のしない「空間」は、「聴覚空間」とでもいえるかもしれない。どんな音でも、われわれが特定の音をきくとき、その背景には、この「聴覚空間」が存在しているといえるだろう。

このようにかんがえれば、「空間」といっても、そのつどことなった「空間」が意味されている。たしかに「空間」がなければ、認識や思考、言語化、あるいは「数える」という行為は成りたたない。そして、これらの「抽象的な」（特定の対象を背景からひきだす）行為の背景をなすのだから、その「空間」は、等質でなければならないだろう。何かが際立つためには、その背景は、質のない「無」になるのが一番いいからだ。そのような意味での「等質」ということになるだろう。

それでは、このような「等質」という概念と、鐘の音をメロディやリズムとしてきく第一の場合とを比較してみよう。鐘の音が、メロディやリズムとしてきこえるとき、第一に、記憶という場のなかで、複数の音が重なることによってメロディやリズムを形成しているということができるだろう。第二に、特定のメロディやリズムとしてきこえてくるためには、その背景をなす空間が必要だろう。特定のメロディやリズムが、そのとき「特定の対象」としてひきだされているはずだからだ。

まず、われわれは記憶の場を開くことによって、いわば「聴覚空間」を生成させる。つぎつぎと音が記憶に蓄積されることによって、そこにメロディやリズムの素材が、「空間」を埋め尽くす。もちろん、この蓄積は、とぎれることのない有機的な流れだ。膨大な音の情報が流れていく。だから、「空間」といういい方は、適切ではないかもしれない。しかし、この流れは、あくまでも記憶という「場」が開かれたから可能になったのだ。われわれに記憶するという能力がなければ、このような蓄積はありえない。

そして、この流れのなかから、特定のメロディやリズムを、われわれが認識するとき、そのメロディやリズムが「図」となって、背景の「地」は、無機的な「空間」になるのではないだろうか。たしかに、メロディやリズムに呑《の》みこまれ、特定の「図」など認識していない状態になることもあるだろう。しかし、もし、特定のメロディやリズムを認識したのであれば、そのとき、すでに背後には、無機的な「空間」が控えているはずだ。そうでなければ認識は成立しない。

このようにかんがえれば、たしかに、鐘の音を数えるという行為には、はっきりと「等質空間」が背後にあることがわかる。しかし、鐘の音をメロディやリズムとして認識する場合であっても、その背景にある種の「空間」がなければ、認識そのものが成りたたないのではないか。つまり、ベルクソンがここで分けているふたつの場合は、はっきりとことなるふたつの場合というよりも、たんなる程度のちがいであるといえないだろうか。つまり、「等質か否か」という問題も、それほど大きなちがいではないようにおもわれるのだ。

しかし、ベルクソンは、このふたつの場合に、それぞれことなった概念をあてはめる。「数的多様性」と「質的多様性」というふたつの多様性だ。

12. 多様体（性）

いま立ちどまって論じている『意識に直接あたえられているものについての試論』第二章のタイトルは、これも繰りかえしになるけれども、「意識の諸状態の多様性について——内的持続の概念」というものだ。「持続」という概念は、この章においてどこよりも（『持続と同時性』の第三章は除くべきだろうが）詳細に論じられる。「持続」が、これほどつぶさに論じられる章のタイトルが、「意識の諸状態の多様性について」なのだから、ベルクソンの「持続」にとって「多様性」(multiplicité) なる概念は、この上なく重要であり、持続そのものの本質といっていいのかもしれない。

「多様性」という語が、はじめて登場するのは第二章の直前である。まずは、そこを引用してみよう。

以上のべたことを要約すれば、強度（intensité）という観念は、外的原因の表象的意識の諸状態を研究するか、あるいは、それ自身で自足した状態を研究するかに応じて、ふたつの相を示すということになろう。（中略）第二の立場にたてば、強度とよばれるのは、根柢的状態の内部に見分けられる単純な心的事実の（その程度はいろいろだが）多様性であるが、これはもはや後天的知覚といったものではなく、混雑した知覚とでもいうべきものである。（DI54）

外側の刺激によって生じる「強度」（intensité 第一の立場）とはべつに、われわれの内側にある混《こん》沌《とん》とした心の状態がここで指摘されている。その状態をベルクソンは、「多様性（体）」（multiplicité）とよぶ。したがって、この「多様性（体）」は、外的な現象と対応しているような意識の状態ではなく、純粋に内的な意識現象ということになるだろう。いわば、われわれの内側の「混雑した知覚」なのだ。この意識状態は、さまざまな感情や気分、あるいは感覚が織りあわさった複合体である。そのような錯《さく》雑《ざつ》とした状態こそが、「多様性」（多様体）なのだ。しかし、われわれの内側でうごめく、この「多様性」（多様体）は、外と一切かかわっていないわけではない。

もっとも、強度のこのふたつの意味は、しばしば重なりあっている。なぜなら、情動とか努力というものにふくまれているより単一な事実は、おしなべて表象的なものであり、また大部分の表象的状態は、同時に感情的でもあり、それ自身、基本的な心的事実の多様性をふくんでいるからだ。それゆえ、強度の観念は、(表象的と感情的の) このふたつの流れが合流する地点に位置しており、一方の流れが外的延長の大きさの観念をわれわれにもたらすのにたいして、他方の流れは意識の深みに赴《おもむ》いて、そこから内的多様性のイメージを意識の表層にもたらすのである。(DI54)

ここでベルクソンがいっているのは、われわれのカオス的な心の状態と、外界の知覚や表象とが合流する地点のことだ。筋肉緊縮や情動といった状態は、おおくの心的状態をふくみ、そこでは、表象と感情が溶けあっている。この境界面は、いわば、意識と無意識の融合地帯であり、その意味を強くとれば、内側に外の影響がひびいていると同時に、外界を認識するさいには、われわれの内側の感情や気分によって、その認識は染めあがっているともいえるだろう。このような領域で、われわれの認識は成立する。それをベルクソンは、「表象的と感情的なものふたつの流れの合流」とよぶのだ。

この合流のあり方は、何気なく「イメージ」(image) という語がつかわれている点からしても、『物質と記憶』の構図を (無意識のうちに) 予告しているともいえるかも知れない。「感情的」が、「純粋記憶」側であり、「表象的」が「純粋知覚」側、「合流する地点」は、「イマージュ」ということになるだろうか。さすがに穿《うが》ちすぎだろうか。

このような結論にひきつづき (これも、再度の引用であるけれども)、第二章のテーマが、つぎのように語られる。

この後につづく第二章では、心的状態をひとつひとつ切り離して個別にとりあげることはしない。そうではなく、心的状態をその具体的多様性のうちにとらえ、それが純粋持続のなかで展開されるものとして考察する。その原因という観念をさしはさまないで、表象的感覚の強さとはなんであるかを問うたのとおなじように、それが展開される空間という観念を捨象したとき、われわれの内的状態の多様性はどのようなものであるか、持続はどのような姿をとるのか、それをつぎに考察しようとおもう。（DI54－55）

ここでいわれていることは、どういうことだろうか。まず「心的状態をひとつひとつ切り離して個別にとりあげることはしない」わけだから、その考察の対象は、とてつもなく漠然としたものになるだろう。ある種の心的状態の全体的な流れのようなものを対象にする（それが可能であれば、の話だけれども）ことになる。それは、かなりむずかしいといわざるをえない。さらに「心的状態をその具体的多様性のうちにとらえ」ると書いてあるが、そのようなことが可能なのだろうか。「多様」な状態を「多様なまま」で把握するとはどのようなことだろうか。個別のものとして、切りとることはできないのだから、どこにも境界は存在しないことになりはしないか。切りとったとたんに、個別の状態になってしまうのであれば、そもそも「具体的多様性」などという対象が存在できるのだろうか。

そしてこれは、「それが展開される空間という観念を捨象したとき、われわれの内的状態の多様性はどのようなものであるか、持続はどのような姿をとるのか」ということを考察することだという。

「具体的多様性＝持続」に、空間という概念を一切いれずに考察してみようというわけである。いまのべたように、「多様性（体）」をそのまま対象化するのがむずかしいというのは、空間化せずに対象を考察することができるのか、という問に直結しているといえるだろう。

ベルクソンによるこのような考察は、うまくいくのだろうか。具体的にその考察をみてみよう。先に詳しくみた「数える」ことの延長線上に、「多様性（体）」がぬっと姿をあらわす。

それに、数えるのは、われわれが意識の深みにはいりこんでいけばいくほど、ますますむずかしくなる。意識の深層では、われわれは感覚や感情の渾然《こんぜん》とした多様体を前にしているのであって、それらの感覚や感情を区別するためには分析によるしかない。(DI65)

ひとつひとつの音を等質の空間のなかにおいて数えることはできる。ところが、そのおなじ数えるという行為を、自らの内側にむけると、とてつもなくむずかしくなり、そこにあらわれるのは、等質の空間とは縁もゆかりもない、無秩序な混沌、すなわち「多様体」だ。このような多様体を前にしたとき、われわれが数えるという行為をおこなおうとすれば、「分析」するしかないとベルクソンはいう。つまり、多様体を多様体ではないものに分割しなければ、それを数えることはできないというわけだ。そうなると、多様体そのものは、当然ながら消えてしまう。しかしここでも、1で述べたのと同様の、素朴な疑問が浮かぶ。

対象は、等質の空間における音の数でも、多様体でもいいのだが、それらを数えているのは、だれなのかという疑問だ。そもそも、ここでベルクソンがいう「多様体」は、「意識の深層」であらわれる「感覚や感情の渾然とした」状態だ。これは、ようするに、われわれの「意識」であり、「自我」ではないのか。「多様体」を認識するさいに、その主体は、「多様体」そのものだとすれば、そこではどのような操作がおこなわれているのだろうか。

『思想と動くもの』では、「自我による自我の単純な直観を把握すること」(PM197)といっていた。しかし、はたしてそのようなことが可能なのだろうか。「自我」そのものが、渾然とした多様体なのであれば、それを意識したとたんに、多様体である「自我」そのものが分裂するのだから、もともとの複雑で錯綜《さくそう》した多様(自我)は、まったくべつのものになってしまうだろう。

この問題は、あらためてかんがえることにするけれども、ひとつだけ確認しておきたいのは、もし、「自我による自我の単純な直観の把握」が可能なのであれば、最初の「自我」は、あきらかに「空間的な」はたらきをしていなければならないだろう。「持続」している「自我」を把握するのであれば(それは、それほど簡単なことではないとおもう)、把握する方の「自我」は、いわば「無」になって、認識を可能にする「場」を形成しなければならない。そうでなければ、「自我」の把握は、できないのではないか。これは、またあらためて論じたい。

さて、もとにもどろう。ベルクソンは、数えるというテーマの後で、「多様体」には二種類あると指摘する。

その結果、ようするに、多様体には二種類あるということになる。物質的対象のそれと意識的事実のそれだ。前者はただちに数を形成するが、後者は数の様相をとるときがあるとしても、その場合かならず記号的表象を媒介としていて、そこには必然的に空間が介入してくる。（DI65）

対象が複数あって、それを数える場合、われわれはどのようなことをしているのだろうか。そもそも対象（外界に存在しているもの）は、どんなものでも数とは関係なく存在している。それぞれ（というい方ができるほど、分割できるのであれば）が唯一の（これも、誤解をうむいい方だ）ものとして独自のあり方をしているということだ。したがって、数えるためには、少なくともふたつの条件が必要になるだろう。

まず、その対象は、独立していなければならない。つまり、数えるためには、その対象は「ひとつ」でなければならない。ほかの対象と不可分であり、まわりの環境から切りとることができなければ、そもそも数えることはできないからだ。その対象が、まわりの状態から、ことなるものとして認識されなければならないということだ。

さらに、それぞれの対象を「おなじもの」とみなすことができなければならないだろう。すべての対象が、数という抽象的単位にならなければ、それらを一律に数えることはできないからだ。それぞれの対象の微細なちがいに目がいくようでは、その対象は「数」にはならない。リンゴとミカンの数を加算するのに、それぞれの果物のちがいに気をとられていては、答はでない。あくまでもただの「数」にならなければならない。さらに、たとえ「おなじ」リンゴであっても、細かいちがいを切り捨てて「数」にしなければ、数えたり計算したりはできないだろう。「数」になるためには、具体的な性質をもってはならない。

まず、対象の独立ということからかんがえてみよう。一見、物質はひとつひとつ独立しているようにみえる。しかし、どんなものでも、まわりのものと接触しているのだから、その接触面（接触「面」が特定できればだが）には、さまざまなものが付着しているだろうし、物質側からも滲出《しんしゅつ》したり、剝落《はくらく》したりするだろう。気体、液体、固体など無数の物質が、その表面で（あるいは、対象のなかへと）いききしているのだ。

たとえば、わたしの身体という物体も、それを区切るのは不可能にちかい。細胞がつねにはげおち、汗が湧出《ゆうしゅつ》し、爪や髪の毛はたえず伸びたり、かけたり、ぬけおちたりしている。ちりやゴミや微生物が付着したり接触したりしてもいるだろうし、鼻や耳、口や眼窩《がんか》など、いくらでも外界との通路は存在する。呼吸や汗腺やこまかい傷、あるいは、宇宙線の貫通などをかんがえれば、われわれの身体と外界とのあいだで恒常的な相互浸透《しんとう》がおこっているのはたしかだろう。

この世界には、まったき空虚は存在しないのだから、境界面や境界線は、便宜上のものでしかない。しかも、境界のどちら側にも属さない面や線を引くことなど、そもそも不可能だ。つまり、物質は、厳密な意味では、個物として切りとることはどだい無理だということになるだろう。

ベルクソンは、物質の不可入性にかんして、つぎのようにいう。


物質の不可入性は、ときおり物体の根本的特性だといわれる。不可入性は、たとえば重量や抵抗とおなじ仕方で知られ、おなじ資格で認められる物体の特性だといわれるのだ。しかし、この種の、純粋に消極的な特性は、感覚によっては明らかにはできないだろう。そればかりか、この点について確信していなかったら、混合や化合のある種の実験をみて、われわれは、この特性を疑うようになったかもしれない。（DI65）

ベルクソンによれば、物質同士が相互に融合しないということ、すなわち、それぞれの物質は独立していて、相互に不可入であるというのは、事実的な観察や実験によるものではない。少なくとも、われわれの五感によって、それが証明されるということはないという。ところがその一方で、物質が相互に独立しているという信念のようなものは、われわれの思考の基底にねづよく存在している。何ら証明や確認されることなく、われわれは、「物質がたがいにはいりこまないこと」を確信しているのだ。これは、われわれの思考の「論理的要請」だとベルクソンはいう。

実際には、この不可入性というのは、物理的な必然性ではなく、ふたつの物体は同時におなじ場所を占めることはできない、という命題と結びついた論理的必然性なのである。ふたつの物体は同時におなじ場所を占めることができる、という反対の命題を主張しても、それはつねに不合理をふくむので、どんな実験をしても、それを一掃することはできない。ようするに、この反対命題は、矛盾をふくむのだ。（DI66）

ここでいわれているのは、この世界のあり方が、物体の不可入性をはっきり示しているわけではなく、われわれの思考のパターンが、物体がたがいに融合しあうということを許容しないということだ。世界は、さまざまな様相を呈している。つねに変容し、おおくのものが交錯したり凝縮したり、ぎゃくに、ひとつのものが分流したり、散乱したりするだろう。

だが、われわれがその変幻自在な世界を認識するときには、どうしても論理的な裁断をせざるをえない。認識のための道具箱には、論理という素材でできたものしかはいっていないからだ。ようするに、なにかを認識するとき、われわれは矛盾律を守らざるをえない。AとAでないものが、同時におなじ場所にいる（$A \wedge \neg A$）ことは、論理的に不可能なのだ。

ところが、ベルクソンによれば、この矛盾そのものをおかしている現象が、この世界にはあるのである。

> それゆえ、物質の不可入性をはっきり提示するというのは、たんに数と空間というふたつの観念が連関していることを認めたというだけのことである。それはまた、物質の一特性というよりも、むしろ数の一特性を表明することなのだ。――それなのに、感情や感覚、あるいは観念など、たがいにまじりあい、さらにはそのひとつひとつがそれぞれに、心の全体を占有しているようなものすべてを、ひとは数えているではないか。（DI66）

物質の不可入性を前提として、世界を分断し、そこに、抽象的な「数」をみいだすというのは、どこにもない、ある種の等質空間を設定して、そこで対象を孤立させ、かぎりなく抽象的な「数える」

という作業をするということを意味するだろう。それは、ベルクソンによれば、感情や感覚のような有機的な流れだけではなく、物質の性質ですらない。つまり、この哲学者のいうことを、原理的におしすすめれば、物質の世界にも、数や等質空間は存在しないことになるだろう。したがって、そのような抽象的な作業を、精神の領域にまで導入するのは、まさに言語道断なのである。

ベルクソンによれば、物質的世界も、そしてもちろん精神的領域も、いずれも、いわば「液体的な」もの、あるいは「流体的な」領域だといえるだろう。どこにも分割線は存在せず、すべての事象や対象は、相互に融合しあい変容しつづける世界だ。そこに切れ目をいれるのは、われわれの論理の都合であり、あくまでも便宜的なものにすぎない。

さきにのべたように、ベルクソンの「持続」による世界像を、「聴覚的世界」といえるとすれば、それはまた「流体的世界」でもあるだろう。われわれは、この世界は分割されていて物質はたがいに不可入だとおもっている。しかし、これは視覚からの情報によってつくりあげられた「固体的世界」であり、われわれの論理や言語の要請によるものだ。それにたいしてベルクソンが提唱するのは、聴覚的で流体的な世界観だといえるかもしれない。

さらにベルクソンは、さきの引用につづけて以下のようにいう。

なるほど、数えることもあるだろう。しかし、それらは、まさしく侵入しあっているからこそ、それらのものを数えようとすれば、空間のなかのことなった場所を占める等質な単位、したがって(ことなった場所を占めているがゆえに)、もはやたがいに侵入しあうことはない単位によって、それらを表象せざるをえないのである。だから不可入性は、数と同時に誕生するのだ。この（不可入性という）性質を物質にあたえ、物質を物質でないものすべてから区別しようとしたところで、それはただ、わたしがさきにうちたてた区別、つまり、数に直接翻訳できる拡がりのある事物と、空間のなかの記号的な表象をどうしてもふくまざるをえない意識内的事実との区別を、べつのかたちでのべているにすぎない。（DI66－67）

われわれの世界は、流体的なあり方をしている。つねに流れつづけ、相互に浸透しあっている。そのような連続的に変化しつづける状態を認識するために、われわれは論理と言語をもちい、流体を固めてしまう。等質で相互に不可入な単位を創出し、数えられるものにしてしまうというわけだ。

まずわれわれは、視覚的に確認できるもの（物質）を分割し、それを、相互に不可入なものとして数えあげる。それにたいして、意識内の現象は、不可入性をもたず、たがいに浸透しあっていて数えることなど思いもよらない。こうして、ベルクソンのいう、ふたつの多様体の区別が成立するのだ。「物質的対象」の多様体と、「意識的現象」の多様体である。つぎで詳しくみてみたい。

13. 〈わたし〉＝場

われわれの意識の状態を、等質空間のなかで数量化するとき、それは数的な多様体となる。思考や観念において、等質空間をしつらえ、そのなかで純粋に質的な意識状態を分割し数量化するというわけだ。しかし、等質空間に質的な状態を導くとき、そもそも、どのようにしてその状態をとりだすのだろうか。その質的状態を数量化するときの境界面はどこなのか。

ベルクソンは、つぎのようにいう。

数や空間とは無関係の多様体の表象は、自己自身のうちに立ちかえって精神集中するような思考にとってはいかに明瞭であっても、常識の言語には翻訳されないであろう。(DI91)

しかし、自己自身のうちに立ちかえったからといって、どのようにして「質的な多様体」を対象化できるのだろうか。数量化可能な量的多様体を、対象化するというのは、もちろん理解できる。だが、質的多様体を質的なままで、〈わたし〉(どのような身分なのかよくわからないが)が、対象化し認識するとは、どのような事態なのか。純粋持続であるはずの時間の流れが、記号（言語）によって、数的な多様体として認識されるプロセスを、ベルクソンはつぎのようにのべている。

いまこうして明らかになるのは、およそ記号的表象がなければ、われわれの意識にとって、時間がひとつの等質的環境という様相を呈することはけっしてないだろう、ということだ。その等質的環境においてこそ、継起する各事象は、それぞれたがいに外的なものとなるのである。(DI92)

記号表象というのは、たとえば「鐘の音」という記号によって、われわれのうちに生じる表象のことであろう。つぎつぎと鳴る、それぞれ独特で無二のはずの鐘の音は、この記号によって、「おなじ」「鐘の音」としてわれわれに表象される。これが「等質場」であろう。この記号によって、現実には存在しない「等質場」がかたちづくられ、「おなじ」ものが、「ことなった」時刻につぎつぎと鳴るという表象を可能にする。「おなじ」ものが、「それぞれたがいに外的なもの」になるのだ。もし、この「おなじ」ということが成立しなければ、それぞれの鐘の音という「ことなった」概念もなりたたない。この「おなじ」がなければ、「おなじ」も「ことなった」もない、渾然とした流れがあるだけになるだろう。

ベルクソンは、さらにこうたたみかける。

しかし、このような時間の記号的表象に自然にわれわれがたどりつくのは、ただひとつの事実、つまり一連の同一の諸項のなかでは、それぞれの項はわれわれの意識にたいして二重の相をみせる、という事実による。ひとつは、わたしたちが、外的対象の同一性に思いをはせることからくる、対象それ自身とつねに同一の相であり、もうひとつは、その項の付加が全体のあらたな有機化をひきおこすことに由来する特殊な相だ。このことから、わたしがさきに質的多様性となづけたものを、数的多様性というかたちで空間のなかに展開し、数的多様性と質的多様性とを相互に同等のものとみなす可能性がひらかれる。（DI92）

それぞれの鐘の音は、それぞれ「おなじ」鐘の音であり、そのような意味で「自己同一性」を保っている。しかし、同時にそれぞれが、固有の鐘の音でもなければならない。新しい鐘の音が加わることにより、いままでの鐘の音の記憶の全体像が有機的に変容するからだ。だから、つぎつぎと加わる鐘の音は、いままでの鐘の音とはことなった「新しい鐘の音」でなければならない。しかし、これは、「われわれの意識にたいしてふたつの様相をみせる」というよりも、鐘の音という現象を、ことなった観点から解釈しているからではないのか。

「数的多様体」が成立するためには、複数の鐘の音が「おなじもの」として、いわば並べられる等質空間がなければならない。そのためには、この等質空間を対象化することのできる視点にたつ必要がある。それにたいして、「質的多様体」が成立するためには、いままでの記憶にたいして、それとは質的にことなる鐘の音が加わり、記憶全体を質的に変容させなければならない。このとき新しい鐘の音の質と質的に変容する記憶全体の質を感じとっているのは、これもまた質的な〈わたし〉でなければならないだろう。

等質空間をしつらえて、その外側から数的多様体をみる視点とはことなり、質的多様体の場合は、自らがそのなかに巻きこまれているはずであろう。もし、そうでなければ、記憶のなかの数的多様体に、それと「おなじ」鐘の音が加わることになるだろう。つまり、記憶のなかの多様性と「おなじ」鐘の音を数量として加算するための等質空間をつくりだしていることになる。

ベルクソンは、運動を例にとって、この事態をつぎのように説明していく。


ところで、このような二重の過程がもっとも容易に遂行されるのは、それ自体では認識できないが、われわれには運動というかたちをとる外的現象の知覚においてである。たしかに運動においては、相互に同一の諸項の系列がある。というのも、運動体は、つねにおなじものだからだ。しかし他方、現在の位置とわたしたちの記憶がそれに先行する位置とよぶものとのあいだでわたしたちの意識がおこなう総合の結果、これらのイメージは、相互に浸透し補完しあいながら、いわば相互に連続することになる。したがって、持続が等質的な環境のかたちをとり、時間が空間のなかに投影されるのは、なによりも運動の媒介によってなのだ。(DI92－93)

ひとつの運動体を連続して、「おなじもの」だと知覚するためには、運動体を「同一」でありながら「ことなった」ものとして認識しなければならないだろう。運動体は、それぞれの位置で「ことなって」いなければ、運動していることにはならない。しかし、一方で「おなじもの」が動いていなければ、それは運動にはならない。ただの異質なものの生成消滅がくりかえされているだけになるだろう。

「ひとつの運動体」であるために必要なものは何か。ここでベルクソンもいうように、「記憶」であり「持続」だろう。だが、「記憶」と「持続」は、あきらかに等質空間の役割をもったものとして、ここでは登場する。質的なものは、純粋に質的なものとしては、われわれの前にあらわれることはない。かならず数的な多様体と表裏一体になってあらわれる。そのさい、その舞台となるのは、「記憶」であり「持続」なのだ。

われわれが、運動体のそれまでの位置を記憶していなければ、そもそも運動は成立しない。そして、質的な全体（運動そのもの）を形成するためには、「ひとつの等質的環境としての持続」が背景になっていなければならないだろう。ここでベルクソンは、記憶や持続が「空間」の役を演じなければならないと、はからずも告白しているかのようだ。この事態を、質的多様体、そして持続のもっとも核となる部分に空間がはいりこんできているといえないだろうか。

そもそも持続は、われわれの感情や感覚の融合状態であり、意識の直接的な流れとでもいうべきものだ。つまり、〈わたし〉の内的な状態ということができるだろう。そのような混沌《こんとん》とした流動的な状態を対象化するためには、その外側にたつ必要があるだろう。たしかに、ベルクソンは「自我による自我の単純な直観を把握すること」（PM197）といういい方で、あたかもこの対象化が容易におこなわれるかのような表現をしていた。

しかし、この「把握」は、〈わたし〉が根源的に分裂しなければ、できないものではないか。つまり、認識主体としての〈わたし〉と、認識される持続している〈わたし〉とが分裂しなければならないのではないだろうか。認識主体の方の〈わたし〉は、ある意味で、持続が成立するための空間にならなければならないのではないか、ということだ。

ここでベルクソンが「等質的な環境のかたちをとる」といっているのは、そのような持続を成立させるための「場」としての持続（認識主体としての〈わたし〉）のことを指しているのではないだろうか。〈わたし〉は、このような等質場となることによって、自己分裂し、認識の構造そのものがそこで成立する。等質場としての〈わたし〉は、空間となって持続を支えることになるだろう。だが同時にこの空間は、持続そのものなのだ。

そうなると、この「空間」は、いわば〈無の空間〉として二重化されているといえるだろう。そして、この空間は、運動体のそれ以前の位置やあり方と、現時点での運動体との「差異＝融合」によってなりたっているのだから、「記憶の場」ともいえるだろう。つまり、〈わたし〉という空間は、〈持続〉であり、それはいいかえれば、〈記憶〉でもある。

14. 質と量の不可分性

質的な多様体と数的な多様体は、そのあり方がまったくことなる。そのあり方のちがいは、対称的なものではなく非対称的なものだ。つまり、数的な多様体と質的な多様体は、比較する空間をつくることとさえ不可能だということである。

ベルクソンは、こういう。

　意識の諸状態からなる多様体は、その根源的な純粋さにおいてみれば、数を形成する区別ある多様体とは、いかなる点においても似ていない、ということなのだ。(DI90)

いかなる点でも似ていないのだから、「ちがう」ということさえいえない。比べるための土俵を設定することさえできないのだから。それぞれが成立している場が、絶対的に隔絶しているのだ。数的多様体を構成する要素は、等質空間のなかで、それぞれおなじものとして数えることができるのにたいして、質的多様体は、われわれの意識内の状態のように、本来は対象化したり認識したりできないものなのである。ところが、このふたつの多様体は、そのようにちがいを確認するすべもないほど隔たっていながら、密接にかかわってもいる。

ベルクソンは、つぎのようにいう。

　それにもかかわらず、区別ある多様体という観念そのものを形成するときに、われわれはそれと平行してわたしが質的多様体とよんだものをかならず考慮している。われわれが諸単位を空間のなかに並べて、それらを明瞭に意識して数えるとき、そのおなじ諸項が同質的な基底の上にえがかれる加算のかたわらで、われわれの魂の奥底では、これらの単位同士がたがいに統合されていく有機化が進行しているのではないか。(DI91)

数量と質とは、根本的にことなるものでありながら、コインの裏表のように切り離せないものなのである。そもそも数というのは抽象的なものであり、われわれの現実世界には、その本来の姿では、どこにも存在しない。このような抽象的なものが、われわれの世界にあらわれるさいには、かならずそれなりの質の衣装をまとっている。

しかし、このいい方は転倒しているだろう。つまり、この世界は、質的差異によって織りなされていて、「数」などという質をはぎとった裸の概念などは、どこにも存在しないのだから。あえて、加算をはじめとするもろもろの操作をするために(あるいは、数学という体系が結果的に創りあげられるために)、「数」がうまれ、そのためには、抽象的な等質空間が創出された。もちろん、これは、ベルクソンも指摘するように、人間という種が進化した結果だともいえるだろう。だが、そのような抽象的な領域においても、どうしても質的なものの残滓《ざんし》がここかしこにあるということかもしれない。

ベルクソンは、つぎのような例をあげる。

商人はそのことをよく知っていて、ある商品の値段を端数のないフランではしめさず、すぐ下の数字を書きつけ、そのあとに十分な数のサンチームを書きくわえる。ようするに、われわれが単位数を数え、区別ある多様体を形成する過程は二重の様相を示す。第一にわれわれは、単位数同士はたがいにおなじだとかんがえるが、これが可能であるためには、これらの単位数が等質の環境に並置されていなければならない。しかし他方で、例えば第三の単位がすでにあるふたつの単位にくわわることで、全体の性質と様相、そしてリズムのようなものまでも変えるのだ。(DI91－92)

二〇〇〇円の値札のついた商品と一九八〇円の値札のついた商品とでは、二〇円のちがいしかないにもかかわらず、ある質的なちがいが感じられるだろう。おなじ二〇円のちがいであるにもかかわらず、二〇二〇円と二〇〇〇円とのちがいとは、あきらかにことなる。やはりわれわれは、二〇〇〇円や二〇二〇円の値札のついたものではなく、一九八〇円の値札のついたものを手にとって、レジへ向かう傾向があるといっていいだろう。これは、やはり一九八〇という数字のもつ質的な影響力を物語っているといえるのではないか。

ただ、ここでベルクソンがだしている例は、単位のちがいなので、たとえば、落語でおなじみの江戸時代の(両、分、朱、文という四つの単位をもつ)三貨制度をかんがえれば、いいのかもしれない。一分《いちぶ》で買った富くじが千両になる「富久《とみきゅう》」や、三分二朱(志ん生は「一分」、志ん朝は「二分」にしている)で買った太鼓が三百両になる「火焔太鼓《かえんだいこ》」などでは、この「分」「朱」「両」の単位のちがいが、独特の質感をこちらにあたえる。それぞれの噺《はなし》が、この質のちがいによって奥行きと深みをましているというのは、いいすぎだろうか(むろん、いいすぎではない)。

われわれは、このような金銭における数量だけではなく、すべての数にある種の質的おもむきを感じているとベルクソンはいう。それぞれの単位のなかでは、等質空間が成立し純粋に数量的な比較が可能なのだが（これも、厳密には、よくわからないのだけれども）、他の単位が、その等質空間にまぎれこんでくると、その空間全体が質的に変容してしまうというわけだ。数や量も、この現実の世界のなかでは、それぞれすべてが質的な「面影」のようなものをもっているのである。

ベルクソンは、つぎのような結論をのべる。

このような相互浸透や、このようないわば質的な進展なしには、加算そのものがなりたたない。——だから、われわれが質なき量という観念をかたちづくれるのは、量のもつ質のおかげなのである。（DI92）

ところで、ここでいわれている「質」とは、どのようなものだろうか。そもそも「等質空間」が成りたつためには、そのなかで展開される要素が異質でなければならないだろう。たとえば、数という等質空間をかんがえてみよう。1、2、3、4…という自然数の数列が等質空間（たとえば数直線上）でつづいていくためには、1と2と3と4…の間に、ここでベルクソンが例示したような質のちがいがなければならない。もし等質空間のなかで、等質のものが連続していくとしたら、まったく差異がなくなり、等質空間そのものが意味をなくしてしまう。

等質空間が等質空間としての機能を果たすためには、そのなかで異質なものの差異が生成していなければならないだろう。そうなると、それは、ベルクソンがかんがえているような等質空間ではなくなる。そうではなく、自然数のちがいは、量のちがいであって質的なものではないということか。同一の単位間では、量のちがいだけが存在する。だとすれば、3と4とでは質のちがいとはいえない、ということだろうか。

3と4が量的にことなるとき、たとえば「4ひく3」という計算をし、1という答を得て、4のほうが3よりも1おおいとかんがえるだろう。しかしこのとき、この計算を、3や4という具体的な数字（あるいは音）なしでできるだろうか。どんな計算でも、具体的に数字をつかわなければならない。数が等質空間のなかに存在しているとしても、実際に計算するときには、現実の（具体的な）数字なしでは、その関係を思考したり操作したりはできないだろう。かならず、眼でみることができ音できくことができる数字が必要なのだ。

たしかにわれわれの具体的な世界から完全に超越している等質空間が存在するとすれば、そこで現実とはいっさいかかわりのないイデア的な計算や操作が可能かもしれない。しかし、われわれの世界には、そのような空間はけっして登場しない。それぞれの質をもつ数字という具体物をつかわざるをえないのだ。このようにかんがえれば、4と3の量的なちがいも、結局は、質的な差異がその基底に存在しているといえないだろうか。

第三章
純粋持続批判

15. 直観と記憶

ベルクソンは、自然科学の方法を「分析」だといい、哲学(形而上学)の方法を「直観」だといった。だが、そもそも分析と直観とを、「おなじ」方法として論じること自体に無理があるのではないか。分析は、分析対象を外から観察し、可能なかぎり数量化して把握しようとする。それにたいして直観は、その対象を内側からまるごと理解することをめざす。しかし、直観がめざすのは、あくまで理解なのだから、当の対象と合一化してはならない。というのも、合一化してしまうと、対象理解のための方法である直観の構造が消滅してしまうからだ。たんなる神秘的直観ではない、方法としての直観というのは、どんなに対象に近づいても、認識するための距離がなければならないだろう。だから、直観を方法にするためには、分析が方法として成立する構図とは、まったくことなるものが必要になるだろう。

分析の場合には、その対象を等質空間のなかにおき、数量であらわしたり、おなじ空間内のほかの対象と比較検討したりすればいい。ところが、直観の場合には、その対象との合一化の方向をとりながらも、最終的には合一することなく、その対象を少し外側から把握しなければならない。はたして、このようなことが可能なのだろうか。

ベルクソンは、「純粋持続」を直観によって把握しようとする。これは、どういうことだろうか。もちろん、『試論』の段階では、「直観」という方法をベルクソンが意識していたとはかんがえにくい。ただ、「純粋持続」が、われわれの意識の直接的な状態であることをかんがえれば、ベルクソンによる後づけかもしれないけれども、「直観」以外の方法はかんがえられないだろう。

いま、まさにものをみている眼球で、その眼球そのものをみることができないように、現時点での持続を、その持続そのものである〈わたし〉によって直観することはできない。ベルクソンの「純粋持続」にかんする記述にたいして、いつも不思議におもうのは、その持続している当の対象は、だれのいつの時点での「持続」なのか、ということだ。もし、持続が現時点での状態なのであれば、それを認識するのは、いまのべたように不可能だからだ。

このようにかんがえれば、ベルクソンのいう「直観」という方法によって把握されているのは、まさにその時点で持続している当の状態ではなく、分析とおなじようなやり方で対象化されたものか、あるいは、記憶のなかにある過去に持続したものであり、それはいずれも「空間」のなかにおかれたものだといえるだろう。

記憶という「空間」を認めないかぎり持続は登場しない。しかし、そのような「記憶＝空間」において登場した持続は、すでに真の持続ではないだろう。直観という方法を、自身の感情や感覚という混沌状態（純粋持続）を把握する方法だとかんがえれば、当人が持続そのものに没入することは、その把握を放棄することに等しい。ここに、ベルクソンの方法としての直観と、その対象である持続との根源的矛盾があらわれているというのは、いいすぎだろうか。もし、現在の自分自身の持続状態に没入したら、もはや認識の構造そのものが消失してしまうのだ。持続の真のあり方は、どうしてもつかまえることができなくなってしまう。

したがって、純粋持続は、その純粋なあり方で持続することはありえないといえるだろうし、もし、持続しているのであれば、それは、実は記憶という場にのこる過去の持続の痕跡でしかないということになるだろう。そうなると、空間（記憶という場）をともなわない純粋持続は持続しない、ということになり、ベルクソンの空間批判の文脈からは、おかしなことになってしまう。ただ結論としていえることは、ようするに〈いま持続している〉という状態を把捉《はそく》するのは、原理的に不可能だということになるだろう。

こうして、「純粋持続」という状態そのものが、どこにも存在しないことになる。対象をつきとめたとたんに対象が消え、その対象とはまったく似てもにつかないものがあらわれることになるからだ。「純粋持続」という概念は、現実には手にすることができない理念的なものということになるのかもしれない。

ただ、こういうことはいえるだろう。われわれがこの世界として認識しているのは、どれもこれも、すべて過去のものである。〈わたし〉という中心（だれにも、もちろん自分にも確認できない空虚な〈それ〉）からすれば、すべて過去化されたものが、こちらに姿をみせていることになるだろう。ある距離をもつ対象の視覚像は、光の速さで眼球に到達し網膜で倒立像を結び、視神経を通ってその像は大脳の視覚野で処理される。このように時間を経過したプロセスをへているわけだから、かならず過去のものをわれわれはみていることになるだろう。さらにつぎつぎとはいってくる情報をそれぞれ記憶することによって、ある時間の幅を構成し、その幅のなかで対象を認識する。記憶によって時間の幅ができなければ、この世界は、端的に〈無〉であろう。

『持続と同時性』のなかでベルクソンは、この「記憶」について、つぎのように語っていた。

そして、おのずと体験されるこの移り変わりだけが持続そのものなのだ。この移り変わりは記憶ではあるが、しかし、個人の記憶ではない。記憶がとどめるものの外にある記憶でもなく、記憶がしっかりと保存している過去と区別された記憶でもない。変化そのものの内側にある記憶である。すなわち、後のもののなかに前のものを延長する記憶であって、これらのものが、たえず再生する現在のなかであらわれては消える純粋に瞬間的なものであるのをさまたげる記憶なのだ。(DS41)

この記憶は、われわれの過去の出来事の記憶(「日づけのある記憶」)でもなければ、習慣となっている身体的な記憶でもない。これは、実際の持続を成立させるための基盤となる記憶である。どのような知覚や運動でも、それが現実世界で成立するためには、時間の幅が必要だろう。つまり、持続が必要なのだ。その幅をもつ持続が、われわれの眼前で展開されるためには、〈記憶の場〉がそこで開かれなければならないだろう。記憶していなければ、時が推移する幅は確保できないからだ。そのような意味で、ここでベルクソンのいう「記憶」は、世界が開かれる起点だともいえるだろう。もし、われわれに記憶がなければ、世界ははじまらないし時間もけっして流れない。

そして、このような根源的な〈記憶の場〉は、ある意味で、もっとも重要な「空間」になるのではないか。この「空間」が開かれなければ、世界は存在しないのだから。そうだとすれば、一切の空間を峻拒《しゅんきょ》する「純粋持続」などというものは、この世界には登場しないのではないだろうか。したがって、このような「純粋持続」は、われわれには認識することなど、そもそもできないことになるだろう。もし認識できたとしても、〈記憶という場〉が開かれたあとに、事後構成的に把捉《はそく》できたものにすぎない。つまり、すべては過去の痕跡《こんせき》にすぎないことになるだろう。このようにかんがえれば、それが等質かどうかはべつにしても、「過去一般」、あるいは「記憶という場」、つまりは「空間」のなかで、すべては進行しているといえるのではないか。

16. 質ということ

「質」とは、なんだろうか。「質的差異」とは、どのようなことを意味するのか。あらためて、この問についてかんがえてみたい。ベルクソンは、「質的異質性」という概念を提示する前に、まずはその対立概念である「空間」の定義からはじめる。引用してみよう。

いまこのはたらきを特徴づけようとすれば、それは本質的に、空虚で等質的な環境の直観、というよりもむしろ、その概念形成にあることがわかるだろう。というのも、空間の定義としてかんがえられるのは、いくつもの同一で同時の感覚をわれわれが相互に区別できるようにするもの、という以外にないからだ。それゆえ空間とは、質的差異化とはべつの差異化の原理であり、したがってまた、質をもたない実在ということになるだろう。(DI70－71)

ここでは、何ら質的なものがふくまれていない「空虚な実在」として空間が説明されている。そこにおいては、「同一で同時の感覚を相互に区別」できるという。同一で同時の感覚なのだから、質という点ではまったくちがいがみいだせないにもかかわらず、区別できるというのだ。この区別のポイントは、「同一」で「同時」以外、すなわち位置のちがいだろう。もし位置もおなじであれば、それは、「同一の地点からの同一で同時の感覚」になり、ただひとつの感覚になってしまうから。そうなると、もしわれわれが空間という概念をもっていなければ、「同一で同時の感覚」は、すべて唯一の感覚になってしまうだろう。

だから、ベルクソンは、つぎのようにいう。

なぜなら、このふたつの点がおなじようにわれわれを刺激するのであれば、一方を他方の、たとえば、左ではなく右に位置させる何の理由もなくなるからだ。しかし、まさにわれわれは、後になってこの質的差異を位置の差異の意味で解釈するのだから、われわれはひとつの等質的な環境の明瞭な観念をもつのでなければならない。つまり、質的にはおなじだが、それでも相互に区別される、諸項の同時性について明瞭な観念を有していなければならない。(DI71)

もともとはちがう位置からの刺激なのだから、当然のことながら、われわれには、純粋な質的ちがいとして知覚される。ところが、そのちがいを、すぐさま空間内における位置のちがいとして解釈してしまうのだ。もともと質的にことなっているのに、「おなじ感覚だが、位置がことなる」と解釈するというわけである。われわれの感覚は、完全に「同一」のものでないかぎり、個々のそのつどの感覚は、のきなみ異質なはずだ。

しかし、そのような異質性を、ともすれば空間内の位置のちがいとしてかんがえてしまうのである。いってみれば、無限で複雑な様相をもつ知覚世界を、等質の空間内で大雑把に分類し整理してしまうというわけだ。ベルクソンはつぎのようにいう。

等質な面上のふたつの点によって網膜上にあたえられた印象の差異を強調すればするほど、統覚する精神のはたらきをいっそう認めることになるだけのことだ。その精神は、質的異質性としてあたえられるものを、延長ある等質性というかたちで統覚しているのである。(DI71)

われわれは、質的差異をうけとっている。しかし、それは、質的なもののままでは認識されない。かならず反省されて、延長ある等質性として空間において認知されてしまう。つまり、ここでベルクソンがいっているのは、「質的差異」あるいは「質的異質性」は、われわれには認識できないということだ。

しかし、このことは、つぎのような重大な帰結を生むようにおもわれる。つまり、質的なもの、あるいは、純粋持続というものを、われわれは認識することはできない。それにもかかわらず、なぜ「純粋持続」という観念を有しているのかといえば、結果（等質空間における位置のちがい）からさかのぼって推測することによってだとしかいえなくなるだろう、といった帰結だ。

ベルクソンは、つづけてこういう。

さらに、もし等質空間の表象が知性の努力に負うものならば、ぎゃくに、ふたつの感覚を差異化する質そのもののなかに、これらの感覚が空間内であれこれの定まった場所を占める理由があるはずだとかんがえられる。したがって、拡がりの知覚と空間の概念とを区別しなければならないだろう。なるほど両者は、おたがいのなかに相手をふくんではいるが、しかし、知性をそなえた生物の系列を上がればあがるほど、等質的な空間という独立した観念がはっきりとあらわれるようになるだろう。（DI71）

等質空間というのは、われわれの知性の努力によって形成されるのであって、具体的な知覚とはことなっている。現実の空間における拡がりを知覚することと、空間の概念とは、重なることはあるだろうが、いわば「出自」がちがう。そして、この等質空間という観念は、人間という進化の末端に位置する知性をもつ動物において、もっとも明瞭《めいりょう》にあらわれる。このことは、方向をぎゃくにすれば、われわれ人間は、物質世界を認識するさいに、どうしても等質空間という先入見をもたざるをえないということになるだろう。

たしかにこの「メガネ」（等質空間）をかけているので、対象は比較でき数量化が容易になるかもしれない。しかし、そのことによって、無限の様相と微細な差異をもつ質的多様世界は、もはや視界にはいらないことになるだろう。ここでのべられた「質的異質性」は、さらに「純粋異質性」ともよばれる。

われわれが想定した意識をもつ点Aがまだ空間の観念をもっていないとすれば、――それがわれわれがいまわが身をおくべき仮定であるが――点Aにとって、Aが通過する諸状態の継起は一本の線というかたちをとることはできないだろう。そうではなく、その諸感覚は、動的につぎからつぎへと付加されていき、その全体が有機的に統合されていくだろう。それはあたかも、継起する多数の楽音がひとつのメロディを構成して、われわれをうっとりさせるようだ。ようするに純粋持続というものは、ただたんに質的変化の継起でしかなく、それらの質的変化はたがいに融合し、たがいに浸透しあって明確な輪郭をもたず、たがいに外在化していく傾向はまったくなく、数的存在とはまったく無縁のものなのである。それは、純粋な異質性であろう。しかし、いまのところは、この点は強調しない。持続にごくわずかでも同質性の概念をもちこめば、それはこっそりと空間をもちこむことになる、ということを示しただけで充分だろう。（DI77）

自己意識をもつ状態を、点Aというふうに、「点」で想定することにかなり違和感があるけれども、そのことはいまは問題にしない。ここで想定されている自己意識には、つぎつぎと新しい感覚がくわわり、自己意識全体は、有機的に結合されつづけていく。ベルクソンは、「純粋持続」のあり方を、いつもこのような語彙《ごい》(質的変化、有機的な結合、融合、浸透など)で説明する。しかし、これらの語によってあらわされた事態は実際どのようなものなのだろうか。何度も語るように、純粋持続は、われわれ自身の本来のあり方だから、ベルクソンのように、われわれがそれを対象化しことばによって説明するのは、原理的に不可能だろう。

「自己意識をもつ点A」という例も、誤解をうむたとえでしかないとおもう。自らが持続している状態なのに、そこから超越し(その対象から離れ)、その対象のあり方(質的多様性)を言語によって固定してしまうからだ。もとの状態(流体)とは、根本的に異なるもの(固体)にしてしまっている。さらに「質的変化」といういい方もよくわからない。変化するためには、ふたつの状態が必要だろう。変化前と変化後のふたつだ。しかし、そのように複数の状態を認めてしまうと、質的あり方を数的存在にしてしまうのではないのか。もし質的変化が本当にあったとしても、それはわれわれには確認できないものなのではないだろうか。

ここでベルクソンは継起する多数の楽音によるひとつのメロディの例をだしている。しかし、「多数の楽音」というのは、数的多様体のことではないのか。しかも、このようなメロディは、聴衆によってきかれていることになるだろう。そのメロディを、そのメロディの外側から聴衆がきくのであって、聴衆そのものがメロディであるわけではない。メロディ自身のあり方をメロディがきくことはできない。だが持続の場合は、持続しているわれわれの内的状態を、われわれ自身が把握しなければならないのだ。例としては、あきらかに適切ではないだろう。

それに、メロディや純粋持続を、言語という等質空間のなかで説明し叙述しているのは、ベルクソン自身ではないか。そもそもメロディや純粋持続の本来のあり方（つまりは、純粋な状態）をことばにすることはできるのだろうか。原理的に無理なのではないか。このようにかんがえれば、「質的異質性」や「純粋異質性」という概念は、概念として成立しているかどうかも不明だ。ようするに、これらの概念は、ことばになってはいるけれども、大変わかりづらく理解しにくいものであるようにおもわれる。

17. 意識の二層

多様体（multiplicité）のふたつのあり方（質的多様体と数的多様体）に対応してベルクソンは、意識にも二層あるという。外界をはっきり区別して認識し生活する覚醒《かくせい》した意識の状態と、そのような明瞭《めいりよう》な意識があいまいになり、すべての境界が消失していく渾然《こんぜん》とした状態である。引用してみよう。

こうして、金槌《かなづち》が打ちおろされる一連の音をきくとき、それらの音は、純粋感覚としての不可分のメロディをかたちづくり、さらに、わたしたちが動的な進行とよんだものを生みだす。しかし、つねに同一の客観的原因がはたらいているのを知っているので、われわれはこの進行を個々の局面に切断し、その局面はたがいに同一であるとみなす。こうして、同一の諸項からなるこの多様体は、もはや空間内に展開されたものとしてしかかんがえられなくなり、われわれはやはりどうしても真の持続の記号的イメージである等質時間という観念にたどりついてしまう。(DI93)

われわれは金槌が打ちおろされる様子を視覚でとらえる。そのことによって、はっきりと分割されているように映る視覚像をもとに音を分割してしまう。聴覚では不可分のひとつの旋律をなしているものが、視覚によって分断されるといえるだろう。このことによって、質的な感覚融合体が、わかりやすいひとつひとつの（数えられる）音として表象される。そもそも、われわれが概念としてつくりだす等質空間のもっとも身近なてがかりは、視覚による世界の把握だろう。もし、われわれに視覚がなければ、そもそも空虚な等質空間という概念を手にするのは、なかなかむずかしいのではないか。こうして、聴覚による流体的世界は、視覚による固体的世界像によって変「質」させられる。

われわれの内的自我は、言語化不可能な混沌《こんとん》のなかで動的にうごめいている。このような状態が、とりわけ視覚による等質空間という表層によって、外界と接触するとベルクソンはいう。この接触面は、質と量との接触面であると同時に、「聴覚的世界」と「視覚的世界」との接点であるといえるかも知れない。ベルクソンは、接触面をつぎのようにも語る。

一言でいえば、われわれの自我は、外的世界にその表面で触れている。われわれがつぎつぎと感じていく諸感覚は、たしかに相互に融合してはいるが、その原因の客観的性格をなす相互外在性の何ほどかをとどめている。それゆえ、われわれの表面的な心理生活は、等質的環境のなかで繰りひろげられ、そうした表象の仕方をするのに、大した努力はいらないのだ。(DI93)

「相互外在性の何ほどかをとどめている」というのは、どういうことだろうか。われわれは、外界にたいして存在している。たしかに自らの内面をかえりみることもあるが、日常生活では、それはとても稀《まれ》なことだ。視覚によって情報のほとんどを得て、それによって外側の世界についてのイメージをかたちづくる。たしかにベルクソンがいうように、内的自我は、相互に融合した状態で有機的にうつりいくものなのかもしれない。だが、それも、外界のイメージによって認識するしかないだろう。内的自我は、あくまでも認識する始点であって、その対象には通常なりえないからだ。対象になったとしても、それは、記憶という領域においてのみだろう。したがって、「何ほどかをとどめている」というよりも、「相互外在性」を基盤にして、その質的多様体としての姿が構成されているといった方が、より適切ではないのか。あくまでも、「相互外在的領域」の方がさきになるからだ。

ベルクソンは、つぎにこういう。

ところが、わたしたちが意識の深奥によりいっそう進入していけばいくほど、この表象の記号的性格がだんだんと際立ってくる。つまり、内的自我、感じたり熱中したりする自我、熟慮したり決断したりする自我は、その諸状態と変容が内的に相互浸透《しんとう》しあう力であるが、それらの状態を相互に分離して空間のなかで繰りひろげようとするやいなや深甚《しんじん》な変質をこうむってしまう。(DI93)

ここでベルクソンがいっていることも、さきにのべたことからすると、方向がぎゃくだといえるだろう。等質空間の表象の記号的性格がなければ、そもそも内的自我の渾然《こんぜん》とした状態は、認識できないからだ。したがって、「ひとつの力」である内的自我の「内的な相互浸透」が外的空間において分離され、「深甚な変質をこうむる」というよりも、「変質をこうむった」姿でしか、内的自我は登場しないといえるだろう。内的自我の真のあり方を、われわれが純粋に「直観」することができるのでもないかぎり、その真の姿があらわれることはない。

たしかに自我には二層あるのかもしれない。しかし、その二層は、表層の自我がはっきりと存在しているから特定できるものだ。表層という「認識根拠」(認識が可能になる出発点)があるからこそ、深層という「存在根拠」(存在を可能にする根拠)が登場する。ただし、「存在根拠」の方は、あくまでも想定にすぎない。

ベルクソンは、自我の二層について、つぎのように説明する。

だが、このより深い自我もほかならぬ表面的な自我と唯一のおなじ人格をつくりあげているのだから、必然的におなじ仕方で持続しているようにみえる。そして、反復される同一の客観的現象が恒常的に表象されることで、われわれの表面的な心的生活は、相互に外在する諸部分に分断され、このように限定された各瞬間が、今度は、われわれの意識のもっと人格的な意識状態の動的で不可分の進行のなかに切れ目をいれるのだ。表面的自我の諸部分が等質空間のなかに並置されることで物質的対象に確保されることになったこの相互外在性が、かくして意識の深層にまで反響し拡散していく。われわれの感覚は、それをひきおこした外的原因とおなじように、少しずつたがいに切り離され、感情や観念も、それらと同時の感覚とおなじように、たがいに離れればなれになっていく。(DI93－94)

ここでいわれているのは、同一の外的現象が恒常的に反復しているのに応じて、表層の自我も相互外在的な部分にわかれ、ひいては深層の不可分の自我にも影響をあたえてしまうということだろう。つまり、「等質空間のなかに並置されることで物質的対象に確保されることになったこの相互外在性が、かくして意識の深層にまで反響し拡散していく」のだ。

しかし、これは、並置されることによって生じた相互外在性と、不可分の動的プロセスがそれぞれ存在していて、前者が後者に影響をあたえるということではない。そうではなく、物質的対象が分節されていくと同時に、内的自我の融合した状態が明らかになっていくというのが本当ではないのか。まず相互外在的な多様性がなければ、融合しているのか、そうではないのかといったことはわからないからだ。もし、真に融合していて有機的に渾然《こんぜん》とした状態であるならば、われわれにとっては、それは、認識などとてもできない、とりつく島のない純然たる〈無〉になってしまうだろう。ベルクソンは、完全に質的な状態である「夢」について、つぎのように語る。

持続についてのわれわれの通常の考えが、純粋意識の領域に空間が徐々に侵入していることに起因するのを示すのは、自我から等質時間を知覚する能力を奪うためには、自我が外的世界との調整役としてつかっている心的事実のより表面の層をとりさるだけでよいという事実だ。夢がまさにそれとおなじ状態にわれわれをおく。というのも、眠りはわれわれの身体機能のはたらきを緩慢《かんまん》にし、とくに自我と外的事物との交流の表面を変えるからだ。睡眠中われわれは、もはや持続を測ることなく感じる。持続は量から質の状態へともどっている。過ぎゆく時間の数学的判断は姿を消し、渾然《こんぜん》たる本能に席を譲る。それは、あらゆる本能とおなじように、ひどいまちがいもするが、またときには並外れた確実さでことにあたる。(DI94)

ベルクソンによれば、睡眠中の夢というのは、われわれが完全に質的な状態（ここでは、「渾然たる本能」といっている）にもどっていることを示しているという。それでは、そもそも夢とは、どのような現象だろうか。夢が夢として成立するためには、かならず覚醒しなければならない。たしかに夢のなかで「いま夢をみている」とおもうことはある。しかし、もしそのまま覚めずに、おなじ状態がつづくのであれば、それは夢ではなく目覚めた状態ということになるだろう。

夢というのは、眼が覚めたあとで、「夢をみた」と過去形で語ることによってはじめて成立する。夢は覚醒《かくせい》したあとで事後構成されるのだ。夢の成立のこのような構造からすれば、夢という例も、あくまでも覚醒という「認識根拠」（認識するための最初の出発点）があってはじめて確認できる質的状態の例だといえるだろう。われわれが内的持続を感じたとしても（だれが感じるのかという問題は、ここでは論じない）、それは、外界と接している表層の自我にもどったときに確認できるものなのだ。表層において事後的に構成されるのである。

このような構造があるにせよ、われわれの自我（意識状態）に二層あるのはたしかなことだろう。ベルクソンは、つぎのように結論をのべている。

したがって結論として、多様性のふたつの形式、持続のまったくことなるふたつの見方、意識的生活のふたつの様相を区別しよう。注意深い心理学は、真の持続の外延的記号である等質的持続の下に、その異質な諸瞬間が相互に浸透しあう持続が潜んでいるのをみいだす。そして、意識状態の数的多様性の下には質的多様性が、その状態がはっきり規定された自我の下には、つぎつぎと融合し有機化していく自我がみいだされるのだ。（DI95）

18. 印象、感覚、感情の変化

『試論』第二章の最後でベルクソンがあげているいくつかの具体例をざっとみてみよう。最初は、つぎのような例だ。

たとえば、わたしがとある町に滞在して、初めて散歩にでかける。そのとき、周りの事物からわたしは、このままつづくだろうという印象と、たえず変わっていくだろうという印象とを同時にうける。毎日わたしがみる建物はおなじだ。そして、それがおなじ対象だとわかっているから、わたしはそれらをいつもおなじ名でよび、おなじ仕方であらわれると思いこむ。ところが、かなり時がたってから、最初の数年間の印象を思いかえしてみると、特異な、説明しがたい、とくにことばにはできない変化が、その印象のなかでおこったことに驚いてしまう。これらの対象は、わたしにとっていつも知覚され、わたしの精神のなかでたえず描かれているうちに、とうとうわたしの意識存在のいくぶんかを借りていったようだ。わたしが生きたようにそれらも生き、わたしが年齢を重ねるようにそれらも年老いた、そんなふうにおもわれる。これは、たんなる錯覚ではない。（DI96－

97）

たしかに新しい街に引っ越したとき、すべての街角は、新鮮で同時に謎めいてみえる。どこを歩いても、未知のものばかりで神経がとぎすまされていく。ところが、毎日その街角を歩き、さまざまな経験をし、その街全体をよく知るようになると、最初の新鮮さはなくなり、それにかわり親しみのようなものがうまれてくるだろう。それと同時に、何をみても平板で、とくに心は動かされなくなる。わたしたちの外部世界とのつきあい（あるいは、「つきあい一般」）というのは、そのような感じで進んでいく。

こういった印象の変化があるにもかかわらず、おおくの人は、それに気づかないとベルクソンはいう。

しかし、大部分の人はこのちがいに気づかない。他人にいわれて、あらためて注意深く自問しないかぎり、ほとんどだれも気づかないだろう。その理由は、外的な、いわば社会的な生活の方が、われわれの内的で個人的な生活よりも、実際のところ重要だからだ。われわれは本能的に、自分の印象を凝固させ、それを言語で表現する傾向がある。（DI97）

われわれは外界のさまざまな印象を言語化することによって記憶していく。もちろん、つぶさに自らの印象そのものを記憶する人（たとえば、画家のような人たち）もいるだろう。だが通常は、「あの建物は茶褐色だ」といったことばによって印象を固定する。この固定した文を、何年たってももっていて、実際その建物を毎日みてはいても、印象そのものの変化には気づかない。日々の社会生活にまぎれて、いちいち街並をじっくり眺める人はいないからだ。

そのような「言語による固定」の習慣は、自らの感情の流れにまでおよぶとベルクソンはいう。

そのためわれわれは、絶えざる生成のうちにある感情そのものも、変化しないその外的対象と、とくにそれを表現する語と混同してしまう。われわれの自我のとらえどころのない持続が、等質空間に投影されることで固定されるように、変転きわまりないわれわれの印象も、その原因である外的対象に絡《から》みつき、その明確な輪郭と不動性とを身にまとうようになる。(DI97)

この具体例をもう一度詳しくみてみよう。はじめての街並をみたときは、街全体になじみがなく、どこにも、いわば「固定点」がない。われわれの印象と外界の変化とは、どこにも接点がない。もちろん街並全体には、ある種の漠然としたなじみはあるだろう。たとえば、おなじ日本の街並であれば、自分がよく知っている街とそれほど極端なちがいはないはずだからだ。だから、大枠としての「街並」という概念が、最初に固定点のはたらきをしていることはたしかだろう。

しかし、微細にみていくと、大枠としては知っているはずの街の具体的様相は、たえず変化していく。色彩もかたちも匂いも、うつりかわっていくだろう。そして、その印象も、その変化につれて変わっていく。しかしもちろん、このように外界と印象とを分けてかんがえることはできない。外界をいわば「客観的に」観察する視点などどこにもないからだ。西田幾多郎の「純粋経験」や大森荘蔵の「立ち現れ」、あるいは、ベルクソン自身の『物質と記憶』における「イマージュ」のように、「こちら」と「あちら」とは分かれてはいない。

西田の「純粋経験」とは、赤ん坊の経験や芸術家や宗教家の至高体験のようなものをさす。自他未分の〈経験そのもの〉だけの状態である。そこには、主観も客観もありえない。主・客などという人工的な分離がおこる前のまっさらな〈経験〉のみの世界だ。あるいは、大森の「立ち現れ」も同様の事態をさしているといえるだろう。一元的な「立ち現れ」といわれる現象だけがあり、それ以外のものは何もない。「純粋経験」同様、主・客の分離などどこにもない。〈それ〉が立ち現れているだけ。錯覚も正しい知覚も、すべておなじ資格で「立ち現れ」る。

引用にもどろう。このように変化しつづける印象だけがあり、それを、われわれは言語によって固定し、安心して社会生活を楽に営む。印象をさまざまなことばで固定し（道、街路樹、建物、環境、空気、他の住人たちの様子など）、それに依拠し、つまり、特定の視点から外界を切りとり生活していく。このようにことばによって固定することによって、自らの印象の変化に気づかないとベルクソンはいう。

たしかに、はじめてみた街路樹を「美しい」とおもうと、その街路樹のこまかい変化に気づくこともなく、いつまでも「美しい」ものと認識してしまうかもしれない。むろん、そのように固定することによって変化に気づきにくくなることもあるだろう。しかし同時に固定しないと変化に気づかないという側面もある。「この街路樹は美しい」と過去に認識していたからこそ、その認識の枠組とはことなる事態に気づくこともあるのだから。

「この街路樹は美しくない」という認識が成立するためには、「この街路樹は美しい」という否定するべき対象がまず必要だ。対象をまったく固定することなく、変容しつづける混沌《こんとん》に寄りそっているだけであれば、なにも認識できなくなる。固定点がなければ、認識の可能性が生じないからだ。認識の最初の枠組、手がかりとなる固定点がなければ、変化や運動というのは、ありえないだろう。変化や運動というのは、不変化や固定という過去の状態と、その否定とが同時に存在することによって成立するものだからだ。流動と固定は、表裏一体なのである。

つぎに感覚が例にだされる。この部分は、第3節の「ことば」においても引用した。ベルクソンはつぎのようにいう。

わたしたちの単純感覚は、自然な状態で考察されるなら、まだそれほど堅固さを示さないだろう。子どもの頃わたしはある種の味や匂いをこのんでいたが、いまでは嫌いになった。ところが、体験された感覚にいまでもおなじ名前をあたえ、あたかも匂いと味はおなじままで、自分の好みだけが変わったかのように語る。つまり、わたしはその感覚をいまだに固定しているわけだ。(DI97)

たとえば、子供のころ、酸っぱいものが好きだったけれども、いまは嫌いになっている場合、「酸っぱい」という味の表現はまったくおなじで、それにたいして、以前は好きだったがいまは嫌いになっていると表現する。ここでは、「酸っぱい」という状態が固定され、それにたいして好みの方が変化したという関係をつくっているということになるだろう。ところが、このような関係が維持できなくなるケースもある。

ベルクソンはつづける。

そして、その感覚が変わることが明らかになり無視できなくなると、わたしはその「変わること」をとりだして、べつに名前をあたえ、それを今度は好みというかたちで固定する。(DI97)

「酸っぱい」の方を固定して、それにたいする好き嫌いを変化させていたのが、「酸っぱい」という感覚そのものが変化していることに思いいたると、今度は、「酸っぱい」ではなく、「酸っぱい」にたいするこちら側の態度の変化の方を、「好み」という名詞で固定しようとする。したがって、「好み」はいろいろ変化するけれども、「好み」であるかぎり、それは一貫しているというわけだ。

語によって、ある事態を表現してしまうと、あたかもその事態が固定したものであるかのような錯覚をわれわれはいだく。恒常的に変化しつづける好みのようなものでさえ(身体や気分や感情のそのつどの状態によって、一定であることはけっしてないにもかかわらず)、「好み」となづけることによって、何か一定のものが存在しているかのような気になってしまう。このような錯誤にたいしてベルクソンは、つぎのように断言する。

だが、本当は同一の感覚とか多様な好みといったものは存在しない。というのも、感覚も好みも、わたしがそれらを孤立させ、なづけるやいなや、物としてわたしにあらわれるようになるけれども、人間の魂のなかには、ほとんど進行しかないからだ。だからこういうべきなのだ。どんな感覚も繰りかえされて変化している。それが日々変化しているようにみえないのは、わたしがその感覚を、その原因である対象を通して、またそれを翻訳することばを通してうけとっているからだ。（DI97－98）

ことばをつかってあらわすというのは、あくまで、ある特定の時点のあり方に、仮にレッテルを貼《は》る（本当は、このレッテル貼りは、そもそもできない）ようなものだ。だが、恒常的に変化しつづける当の状態は、そんなレッテルなど、あっという間に裏切ってしまう。いや、最初から裏切っている。つまり、「それを孤立させ、それらに名前をつける」ことによって、その対象の真のありかたである「進行」（「こと」）と必然的に齟齬《そご》をきたすような「事物」（「もの」）にしてしまうのだ。これが、言語化という厄介な魔術である。

それでは、あらためて、なぜ、連続を連続として確認することができるのだろうか。われわれは、むろん、当の対象のあらゆる微細な変容状態をつぶさに調べたうえで、連続を「連続」として確定するわけではない。そのようなことをすれば、連続しているとおもわれる対象のそのつどの時点をつらぬく自己同一性が、ぎゃくにあやうくなる。どこにも視点を定めることができず、完全な渾沌《こんとん》に呑《の》みこまれてしまう。どうかんがえたって、あらゆるものは時々刻々と変容しつづけているのだから。

たとえば、ひとりの人間について、その人間が、おなじ人間として連続していることを、どのようにしてわれわれは確認するのだろうか。その人のもつ雰囲気であるとか、面影であるとか、肉体上の特徴であるとかによってであろう。だが、どんな人間であっても、微細な変化が、身体のあらゆる部分で大規模におこっているはずだから、もし厳密に同一性を確認するとなると、それは、かなり困難な作業だといわざるをえない。われわれが、そのような困難を日常的に感じないのは、それほど微細なスケールで認識していないからなのだ。

われわれは最初から、(「ある特定の人間」という) 大雑把な枠組でみている。この枠組は、あきらかにこちら側のものだ。対象側は、無限の様相が変容しつづけているのだから。こちらから網の目をかぶせるしかない。この網の目の一番わかりやすいものがことばだろう。言語体系という枠組で、かなり雑な切りとり方をしている。

変化しつづけるものを「連続」として把握する場合、言語が重要な役割を演じていることは、たしかだろう。もちろんここで問題になっている連続性は、雰囲気や面影や肉体上の特徴といった程度のものではない。あらゆる微細な部分にもおよぶ不断の変化にもかかわらず連続しているかどうかというのが、問題だからだ。そうなるとやはり、連続を「連続」として確認できる変化しない核とは、結局こちら側から当てはめる言語的なものしかないのではないか。あるいは、言語化を可能にする観念的な枠取りのようなものが成立していないと、〈それ〉を「それ」として分け、同一のものが連続していると認めることは、とうていできないのではないだろうか。

恒常的に変容しつづける状態を、ある時点で「A」と名づける (枠組をつくる) ことによって、その「A」こそが、変化しない核となり、連続を「連続」として確認可能にするというわけだ。だとすれば、たしかに連続しているといえるのは、「A」の方であって当の対象ではない。何度も繰りかえすが、当の対象が真に「純粋持続」しているのであれば、有機的にまるごと変容しつづけているはずだからである。

しかし、ここでも流動と固定とは、不可分なものだといえないだろうか。感覚や好みは、つねに変化しつづけていることはたしかだ。しかしながら、それが変化していることを認識するためには、変化していない背景、あるいは、軸のようなものが必要だろう。その変化しないものとは、まずはことばということになる。「感覚」を「酸っぱい」と名づけることにより、または、感覚の変化そのものを「好み」とよぶことにより、変化する当体が固定されるのだ。「酸っぱさ」や「好み」という不変の場や主体がなければ、変化そのものは確認できない。やはり、変化が変化として成立するためには、変化しない背景が必要だということだろう。

さらに「酸っぱさ」や「好み」という不変の場を支えるものは何だろうか。われわれは、感覚や好みを言語化することによって固定してしまう。この固定化を可能にするのは、何だろうか。もしわれわれの世界が果てしなく流動していて、どこにも定点がなければ流動も静止もないだろう。そういった認識そのものが成立しないからだ。そのような混沌《こんとん》とした世界に、「酸っぱさ」や「好み」といった語によって、固定した出発点をうち、そのことによって、「静—動」という対立がはじめて成りたつ。しかし、その固定点をなぜわれわれはうつのだろうか。あるいは、どうしてうつことができるのだろうか。それは、完全な流動状態である始源の混沌にたいして、「こちら側」に固定点があるからではないか。つまり、固定点をうつための固定場があるのではないだろうか。それは、最初にのべた

「補助点としての〈わたし〉」ではないのか。この問題は、またあとでかんがえることにしたい。

さてベルクソンは、味や好みの例につづけて、言語のもつ、われわれの感覚にたいする影響力を強調する。

言語が感覚におよぼすこの影響は、一般にかんがえられているより根深い。ただたんに言語がわれわれの感覚の不変性を信じこませるだけではなく、ときにはわれわれが体験した感覚の性格をもあざむくこともある。たとえば、とてもおいしいと評判の料理を食べたとしよう。その料理の名前は、おおくの人びとの評判でふくれあがり、それがわたしの感覚と意識の間にわりこむ。ちょっと注意すれば、それほどでもないとわかるのに、おいしいとわたしはおもうかもしれない。ようするに、はっきり輪郭がきまっていることば、人類のさまざまな印象のなかで安定し共通なもの、したがって非個人的なものを蓄えておく剝《む》きだしのことばは、われわれの個人的な意識の繊細でとらえがたい印象を押しつぶすか、少なくとも覆い隠してしまう。(DI98)

料理や映画などを、食べたりみたりする前に、おいしかったか、おもしろかったかなどの意見を、他人にきいたりインターネットでみたりすると、実際の食事や観賞にかなりの影響があるだろう。グルメといわれる人に、「おいしい」といわれたら、その料理を味わう前に、おいしいだろうと思ってしまう。自分自身の舌のことは忘れている。あるいは、ぎゃくに「面白かったからぜひ見てみて」などといわれてみた映画が面白かったためしは一度もないし、とてもおいしいとはおもえない店構えのラーメン屋に少しも期待せずにはいり、食べてみるとてつもなくおいしかったなどという経験は数限りなくある。その方向はことなっているけれども、事前の情報が実際の体験にかなりの影響をあたえるのは、まちがいないだろう。

味覚などというものは、その人そのひとの経験や感覚器官、あるいはそのつどの身体の調子などによりさまざまであり、ごく個人的なものであるはずなのに、巷《ちまた》にあふれている評判や好みの表明などにより、いちじるしく歪曲《わいきょく》されていく。だれのものでもありだれのものでもないことばという人類の共有財産は、われわれの個人的な領域を（そのようなものがあれば、の話だが）、土足でずかずかとかなり荒らしまわっているといえるだろう。

さらにベルクソンは、われわれの感情を例にだす。

> 直接的意識のこのような圧殺は、感情という現象においてほど、あらわになることはない。激しい恋心や深い憂愁は、われわれの魂をまるごととらえる。それらは、たがいに溶けあい浸透しあう無数の要素であり、はっきりとした輪郭もなく、相互に外在化しようとするいささかの傾向ももたない。それらが独自なのは、こうした性質だからだ。だから、われわれがその渾然《こんぜん》たる塊《かたまり》のなかに数的多様性をみいだすと、それらはたちまち崩れてしまう。（DI98）

たしかにベルクソンがいうように、われわれの感情というのは、とてつもなく複雑だ。どんな瞬間だろうが、自らの感情を正確に記述するのはむずかしいだろう。記述するどころか、それがどのようなものなのか認識する手がかりさえない。そもそも「感情」という名詞で固定することが可能かどうかさえわからない。つまり、「感情」という一語で表現できるようなものが、流動状態で存在しているかどうかさえよくわからないということだ。

したがって、ここでベルクソンがいっている「たがいに溶けあう」「無数の要素」といった表現が適切かどうか疑問である。しかし不思議なことに、このような定形のない流れつづける感情を、それとして対象化できる地点がある。たしかに過去の記憶として、そのような感情があったと思いだしていることもあるだろうが、現時点でみずからの感情の流れを意識することも可能だろう。もちろん厳密には、一瞬前の感情の記憶であるけれども。

感情という流体を、このように観察できる地点はどこなのか。やはり、けっして動くことのない固定点が、「こちら側」にあるのではないか。最初に提示した補助点がそれにあたるのではないだろうか。だからこそ語によって、流れゆく感情をピン止めすることもできるのではないか。〈わたし〉を背景にして、「怒り」や「喜び」といったあいまいな語によって固定することにより、流体は、まったく異なったものとして(いわば死体となって)対象化されるというわけだろう。

さらにベルクソンは、このような渾然たる感情の海を表現する可能性について、つぎのように語っている。

もしいま、ひとりの大胆な小説家があらわれ、われわれの因襲的な自我が巧みに織りあげた布を切り裂き、みかけ上の論理のもとの根本的な不条理を、また単純な状態の並置のもとに、なづけられる瞬間にすでに存在しなくなったさまざまな印象の無限の浸透を示すなら、その小説家を、わたしたち以上にわたしたちのことを知っている、といって賞賛するだろう。(DI99)

われわれの心的状態は、自分自身ですらよくわからない。もしかしたら、自分自身の心の状態こそ、当人からもっとも遠いところにあるのかもしれない。他人の方が、わたしの表情や仕種《しぐさ》などの表出から、こちらの心のなかをのぞくことが容易にできるからだ。どの状態も、心のなかではとても一言(あるいは、一文)では表現できないし、どこまでことばを尽くしたところで心の内容の的を射ることなどできないだろう。

だからこそ、われわれの心の矛盾し錯綜《さくそう》したあり方を、役たたずの言語によって、その一部でもあらわしているかのようにおもわれる文章にであうとき、そのことばの使い手に心底驚嘆のまなざしを向けることになる。

たとえば、ベルクソンより三八歳年上のドストエフスキーの小説を読むとき、いずれの人物も、千々《ちぢ》にみだれた感情のなかで、折り重なる意識や気分に支配され、背理のまっただなかを生きているようにおもわれる。ピョートル・ヴェルホーベンスキー(『悪霊』)でもいいだろうし、スメルジャコフ(『カラマーゾフの兄弟』)でも、ムイシュキン(『白痴』)でもいいだろう。あるいは、トルソーツキイ(『永遠の夫』)でも、アレクセイ・イワーノヴィチ(『賭博者』)でもいい。これらの人びとは、自分では制御できない乖離《かいり》する(なんなら、「ポリフォニック」といってもいい)内的状態の嵐にいつも襲われているではないか。ベルクソンがここで、賞賛に値するといっているのは、たとえばこのロシアの小説家を思いうかべればいいだろう。

こうして、いくつかの大変わかりやすい具体例を最後にだして、『試論』の第二章は、ほぼ終わりを告げる。最後にこの章で明示された「純粋持続」の定義のようなものについて論じてみたい。

19. 純粋持続

「持続」について、かなり執拗《しつよう》に語ってきた。ここで最後に『試論』第二章にでてくる「純粋持続」の定義についてかんがえてみたい。

ベルクソンは、純粋持続をつぎのように説明する。


まったく純粋な持続とは、自我が生きることに身をまかせ、現在の状態と先行の状態とのあいだに分離を設けることを差しひかえるとき、わたしたちの意識状態の継起がとる形態である。だからといって、過ぎていく（passer）感覚や観念にすっかり没入してしまう必要はない。というのは、そうすると、ぎゃくに、自我は持続する（durer）ことをおそらくやめてしまうからである。また先行の諸状態を忘れる必要もない。これらの状態を想起しながら、それらを現在の状態に、あたかもある点をべつの点と並べるように並べるのではなく、現在の状態でもって過去の状態を有機的に一体化すれば充分なのだ。(DI74−75)

純粋持続とは、等質空間とは無縁の、異質な状態が異質なままで流れていく状態だった。しかし、この定義をみるかぎり、さまざまな疑問がうかぶ。まず「自我が生きることに身をまかせ、現在の状態と先行の状態とのあいだに分離を設けることを差しひかえるとき」とは、どういうことだろうか。そもそも、われわれが、生きることに身をまかせず、現在の状態と先行の状態とのあいだに分離を設けることなどあるのだろうか。われわれが自然に生きているとき、ベルクソンのいう意味での「純粋持続」にはならないのか。「差しひかえる」という特別な態度をとらなければならないとしたら、「純粋持続」とは、われわれの生命の流れとはことなった不自然な状態になるのではないか。

さらに、この引用によれば「自我が生きることに身をまかせ、現在の状態と先行の状態とのあいだに分離を設けることを差しひかえ」たとしても、そのまま「純粋」に、その状態に没頭してはいけない。「だからといって、過ぎていく(passer)感覚や観念にすっかり没入してしまう必要はない」とは、いったいどういうことか。われわれが現在の状態に没入し、自我が自然に体験することがらを排除しなさいというのだ。もし、そんなことをしてしまえば、「ぎゃくに、自我は持続する(durer)ことをおそらくやめてしまう」からだ。「純粋持続」とは、われわれの意識に直接あたえられているもの、つまり、現在の意識状態に自然に没入すれば経験できるもののようにおもわれるにもかかわらず、純粋持続の状態には自然になれるわけではない。純粋持続のためには、自我に没入したり集中したりしてはいけないのだから。

また、「先行の諸状態を忘れる必要もない。これらの状態を想起しながら、それらを現在の状態に、あたかもある点をべつの点と並べるように並べるのではなく、現在の状態でもって過去の状態を有機的に一体化すれば充分なのだ」とベルクソンはいう。とにかく、現在に没頭することを戒め、さらに先行の状態をどのようにあつかうのかも、ここで指示される。「現在の状態によって過去の状態を有機的に一体化」しなければならない、というわけだ。そうすれば、「純粋持続」が体験できますよ、という。これでは、「純粋持続」を経験するためには、さまざまな条件をクリアしなければならないということになるだろう。この条件をみたすのは、「空間化」という観念的な作業よりも困難なのではないか。


ここには、三つの状態がえがかれているといえるだろう。①純粋な持続＝現在の状態による過去の状態の有機的な一体化、②空間化＝ある点をべつの点と並べること、③持続の停止＝感覚・観念への完全な没入、の三つだ。そして、ベルクソンによれば、①の状態を維持するためには、③の状態へと移行するのをやめなければならない。そのことを示すのが、引用文のなかで二度登場する「必要はない」(Il n'a pas besoin) という不自然ないい方だろう。われわれが自然に「生きることに身をまかせ」れば、③の状態 (これは、たとえばフッサールの用語でいえば、そこから時が湧出《ゆうしゅつ》し、かつ時が止まってもいる「生きいきした現在」lebendige Gegenwart であろう) になるはずなのに、その状態になる「必要はない」とベルクソンはいっているからだ。現在への没入を禁止しているのである。

このようにかんがえれば、ベルクソンのいう「純粋持続」とは、自我が「過ぎていく感覚や観念にすっかり没入」する直前の過渡的な状態、あるいは、意識がつくりだす人工的な状態をさしていることになるだろう。しかも、没入しないように、その状態に自我がとどまらなければならない（Il n'a pas besoin）のだ。そのとき、自我と純粋持続という状態とは、あきらかに乖離《かいり》していることになりはしないだろうか。「純粋持続」を持続させるために、「自我」（意識）が、「純粋持続」からはなれ、その外側にたたなければ、このような過渡的状態をその状態のままでとめるなどということはできないはずではないか。

あるいは、もう一点疑問をのべよう。ベルクソンは、「有機的な一体化」というあり方で、純粋持続は流れていく、という。しかし、そのような状態が、「空間」という概念なしに可能なのだろうか。「有機的な一体化」とは、いわばベルクソンのいう意味での「異質的な環境」のことであろう。しかし、それが「異質」であり、つまりは、まったく（純粋に）「質的」なものであるためにも、「同質的な環境」（質なき環境）が、その背後にひかえていなければならないのではないか。前述したように、質と量とは不可分なのだから。

つまり、こういうことだ。「有機的な一体化」が、われわれの認識の現場に登場するためには、「異質」と「同質」という対概念を成立させる「空間」が、どうしても背後になくてはならないのではないか。「質的多様体」と「数的多様体」というふたつの多様体の存在を区別し認識するためには、（これまでにも何度も指摘し論じたように）どうしても、もうひとつの「空間」が必要なのではないだろうか。「純粋持続」という語も等質空間のなかでの言語化なのだから、真に純粋持続している状態を示すことは不可能なのだ。

そもそもこの定義だと、ベルクソンは、時間は持続するものだという前提をたててしまっているような印象をあたえてしまう。「うつりいく感覚や観念のなかに全面的に没入する」自我の状態を、どうして、もっとも具体的な様相だとかんがえられないのか。没入して流れていた時間がとまったのならば(「生きいきした現在」)、それこそ時間の本当の姿だろう。時間は、流れるもの(持続するもの)だと最初から決まっているのだろうか。これを「純粋持続」の定義だとすれば、ベルクソンの時間論は、「純粋持続」(あるいは、「時間は持続するものである」)という公理から出発した公理系にすぎなくなるだろう。

また、「意識状態の継起がとる形態」といっているが、これは、意識主体がとる形態なのか、それとも、意識主体の対象となっている意識そのものの状態なのだろうか。というのも、「感覚や観念に没入」するとは、とりもなおさず、意識主体と意識対象とのこのような分裂がなくなることを意味しているからだ。

どうも、この定義らしきものを読むかぎり、「純粋持続」とは、意識主体に認識される対象側の状態のようにおもわれる。だとすれば、ベルクソンの「純粋持続」という概念には、その背後に時間の流れを意識している主体がひかえていることになるだろう。つまり、「意識に直接あたえられたもの=純粋持続」と、それを意識するものとが分裂していることになる。

そうなると、ベルクソンのいう「純粋持続」とは、認識主体の中心のことなどではなく、その中心によって認識される対象のことになるだろう。つまり、もともとの中心(自我そのもの)が、認識作用が生じるのと同時に分裂し、その結果でてくる分裂の一項だということになる。この「純粋持続」

の定義において、いままで何度も批判してきた、いわば「空間の密輸入」と「認識主体の分裂」とが、もっとも露骨にあらわれているといえるだろう。そうなると「純粋持続」という概念は、そこから出発する定義の時点で矛盾していて、いずれは瓦解《がかい》する可能性をすでにはらんでいたといえるのかもしれない。

しかしベルクソンは、「空間」の観念について以下のようなこともいっていた。

かれらは好んで心理状態を並置し、それらで一本の鎖や線をつくり、しかも、空間とは三つの次元をもつ環境だからといって、この作業のなかに、いわゆる空間の観念、その全体としての空間の観念を介入させているなどとは、つゆほどもかんがえない。しかし一本の線を線のかたちとしてみるためには、その線の外に位置して、それをとりかこむ空白があることを納得し、したがって、三つの次元をもつ空間をかんがえる必要がある、ということをわからない人がいるだろうか。(DI77)

つまりこういうことである。心理状態が連続していく様子を、われわれは、しばしば線の連続や鎖の連なりとしてイメージしたり図にかいたりするが、その線や連鎖を認識するためには、もうひとつ上の次元(この引用では、三次元)に自分がいなければならないというのだ。つまり、ある種の認識が成立するためには、ひとつ上の次元の「空間」を暗黙のうちに導入しているということである。ここで、ベルクソンのいう「空間」のわかりやすい特徴があらわれているといえるだろう。すなわち、「認識主体がいる、ひとつ上の次元」としての「空間」という特徴だ。

それでは、このようにして析出《せきしゅつ》された「空間」という概念と、いままでの「等質空間」としての空間という概念相互の関係をかんがえてみよう。

このふたつの概念をみるかぎり、「空間」という概念は、まったくことなった意味でつかわれているといえる。つまり、①「等質空間」としての「空間」は、対象側の「空間」であり、②「認識主体がいる次元」としての「空間」は、認識する側の「空間」だからだ。①においては、たとえば対象を心理状態だとすれば、その心理状態が、「等質の環境」のなかになければ、われわれは、それを区別したり数えたり話したりはできない。つまり、数的な多様体は、「等質空間」という背景がなければ登場しない。それにたいして②では、「空間」のなかにいるのは、あくまでも認識主体の方なのだ。認識する側が「空間」のなかにいて、その下の次元である線上的な心理状態の連鎖を時間の流れとして認識する。

いやそうではないという反論もあるだろう。①の特徴においても、すでに「等質の環境」は、認識する側がしつらえたものなのだから、けっきょくは、①と②は、おなじ特徴なのだという反論だ。たしかにそうかもしれない。しかしここで、認識主体とその対象という区別は、決定的に重要だとおもわれる。それは、「純粋持続」という概念のいかがわしさに直結するからだ。

いままで幾度も言及してきた「空間化」の構造が、この原初的な分裂（「純粋持続」の認識のさいの構造）にもあてはまる。この引用での「空間化」（つまり②の「空間」）とは、ある次元の事柄を知覚したり認識したりするためには、さらに、その上の次元の空間を設定しなければならない、というものであった。ここでも、「純粋持続」を「純粋に持続するもの」として認識するためには、その上の次元の空間、つまりは「自我」(「認識主体」とは、この「自我」という語によってあらわされているものとおなじではないのか)という空間が必要だ。この〈「純粋持続」⟷「認識主体」〉という分裂が可能なのは、「自我」という空間が暗黙のうちに設定されたからだろう。

そうかんがえると、この原初的な分裂の段階で、ベルクソン自身が批判する「空間化」が発動しはじめたといえるだろう。だとすれば、「純粋持続」という概念こそが、その概念がもっとも忌《い》み嫌う「空間化」という事態をひきおこす最初の一撃をあたえた、といえるかもしれない。すると、事態は錯綜してくる。ベルクソンは、みずから批判している「空間化」をおこなって、「純粋持続」という概念を導出した。このような「空間化」がなければ、ベルクソンのいう時間は、そもそも持続することはない。「継起、相互浸透、連携《れんけい》」などという持続のもつ連続性を構成する状態が成立するためには、どうしても「空間化」が必要なのだ。ただこの「空間化」は、ベルクソン自身が、批判するさいに単純に図式化したような「連続した線とか鎖のかたち」をとっているわけではない。

以上のことによって、錯綜した事態が鮮明になったのではないか。三つのことなった状態、あるいは、契機があるといえるだろう。まず第一に指摘しなければならないのは、なにものもそこには触れることのできない、時間あるいは出来事の流れの中心とでもいえるもの(〈いま・ここ〉)だ。ベルクソンが、「うつりいく感覚や観念のなかに全面的に没入する」といった状態である。つぎに、その中心とでもいえる状態から開かれる原初的な場(空間)があるだろう。これこそ、ベルクソンのいう「純粋持続」が生起している場所だ。単一の連続した状態でありつつ、「継起」し「相互浸透」し「連携」することも可能な空間である。そして、ここですでに、ベルクソンの意図に反して「空間化」は生じてしまっていた。最後（第三）にベルクソン自身が、ごくわかりやすいかたちで批判する「空間化」がある。つまり、「連続した線とか鎖のかたち」をとる「空間化」だ。時間を、直線上の点の移行で表現するたぐいの、もっとも素朴な「空間化」である。

ベルクソンは、「連続した線とか鎖のかたち」をとる「空間化」を批判し、「純粋持続」という状態をすくいとろうとした。しかし実は、その「純粋持続」という概念のうちにも、認識の基底にあるような「空間化」が潜《ひそ》んでいた。もし、時間を、「空間化」一般と対峙《たいじ》させるのなら、このような二通りの「空間化」は、いずれも否定されなければならないだろう。そうなると、この「空間化」以前の状態、時間もなにもかも流れることはない中心、いわば〈いま・ここ〉に逢着《ほうちゃく》してしまう。そこでは、「流れる」時間を生け捕りにすることは、そもそもできない。それでは、ベルクソンの本来の意図である、素朴な「空間化」から「純粋持続」を鮮明に区別するためには、どうすればいいのか。

そもそも「空間化された時間」と「純粋持続」とを、あたかも対比することができるように論じること自体、問題ではないのか。時間を空間化するというのは、われわれの観念的な作業である。なにかを思いえがくとき、どうしても「等質の空間」のなかで、数的な多様体としてかんがえてしまう。どんな対象でも、そのような「空間」のなかに配置しなければ、知性の対象にはなりえない。

時間もまた、そのような空間を設定して、それを背景にしなければかんがえることすらできないだろう。たしかに、ベルクソンのいう「空間化された時間」にたいする批判も妥当な側面がある。しかし、時間にかぎらず、どんな概念でも空間化しなければ、われわれによって認識できないのも事実だ。

そもそも時間という概念は、「時間」という語によって、等質の言語空間のなかで、ほかの語との差異によって、その意味が成りたつ。「時間」という語がなければ、時間にかんする議論ははじまらない。それは、「純粋持続」という概念にしてもおなじだ。「純粋持続」という語が、等質空間である言語体系のなかで相対的な差異を生みださなければ意味をもたない。

このようにかんがえれば、等質空間を背景にした「時間」や「純粋持続」という概念と、われわれの意識のあり方である〈純粋持続〉（概念化以前の状態を、そんなことはできないにしても、かりに〈 〉であらわしたい）とは、まったく位相を異《こと》にするといえるだろう。〈純粋持続〉が、もしベルクソンがいうようなものであれば、言語による議論のなかには、けっして登場しないはずなのだ。〈純粋持続〉は、意識の状態であり、数量的な多様性の様相を呈することは、けっしてない。そうであれば、言語体系のなかで、「純粋持続」というシニフィアンによって、相対的な価値をもったとたんに、〈純粋持続〉ではなくなるだろう。それに〈意識に直接あたえられたもの〉であれば、その状態は、〈自我そのもの〉であり、どんな視点によっても確認することはできない〈いま〉ということになる。

もし、確認できるとすれば、ベルクソンが「純粋持続」の定義のときに示したように、最初から「持続するもの」として、そのあり方を公理として前提しなければならない。しかし、それは、すぐにわかるように、たんに過去化された「持続」であり、現時点で流動している〈それ〉ではない。つまりは、ただの「記憶」にすぎないのだ。記憶のなかで、「持続している」にすぎない。どこにも、真の持続（〈純粋持続〉）は、あらわれてはいない。

第四章　持続は記憶である

20.『持続と同時性』について

『意識に直接あたえられているものについての試論』（一八八九年）『物質と記憶』（一八九六年）『創造的進化』（一九〇七年）を書き、自らの哲学を築いたベルクソンは、つぎにアインシュタインの特殊相対性理論について論じた『持続と同時性』（一九二二年）という書を完成する。この著書では、特殊相対性理論における時間概念と、みずからの時間概念（持続）とが比較検討された。
この書について物理学者の渡辺慧《さとし》は、つぎのようにのべている。

第一に特筆しておかなければならないことは、この書は、物理学者が読まないで想像するほど、でたらめではないということである。なるほど、群小哲学者が、物理学の結果を、自説に有利に援用しようとする時には、物理学の通俗解説書のなかから自分に気に入る文章だけ抜き出して、それを勝手に飾り立て、一般化して、まるで見当ちがいな結論を引き出すのを常とする。しかし、この『持続と同時性』は、さすがベルクソンが十年の沈潜の結果、公けにしたといわれるだけあって、多くの物理学者の原著書をよく読みこなした後に書かれたものであることが、よく窺われる。もちろん、後にも指摘するように、明かに物理学的に誤謬であるところもある。しかし、これは、物理学がわからないで、勝手な熱を上げているのとは話がちがう。実際、この書において、物理学の主張を解説している部分の中には、そのまま取って来て、物理学の教科書の中にいれたら、模範的な説明となるようなところさえある。これは、物理学者の抱くであろう先入観が、この書にはあてはまらないことを意味する。

次に、哲学者の偏見も、はなはだ見当ちがいであることを指摘しなければならない。第一に、この書の内容は、哲学者が考え、また希望するほど、物理学的に深遠なものではない。これは、物理学においては極めて平明な事実に関連しているにすぎない。そして、この書は、ベルクソン自身が、その序言でも明かにしているように、相対性理論をやっつけることを目的としたものではない。それは、相対性理論に矛盾しないように、自分の説を立てることを目的としたものなのである。(『時』242－243　河出書房新社)

この引用は、『持続と同時性』という本の性格をじつに的確に表現しているとおもう。哲学者としてのベルクソンが、特殊相対性理論に充分な時間をかけて真摯《しんし》にとりくんだこと、そしてこの書の物理学にかんする内容について、渡辺は正確に評価しているからだ。

たしかにベルクソンは序文でつぎのようにいっていた。

われわれの持続概念が、アインシュタインの時間の見方とどれほど両立しうるのか知りたいとおもっていた。この物理学者にたいする感嘆、新しい物理学だけではなく新しい思考様式さえも彼はもたらしたという確信、科学と哲学はことなった学問ではあるが補いあうものだという考え、こうしたことがあいまって、彼の理論と対決したいとおもい、そうしなければならないとさえおもうようになった。ところが、この理論を研究しはじめるとすぐに、もっと一般的な興味がわいてきた。われわれの持続概念は、ひとことでいえば直接で無媒介の経験を意味していた。この概念は、必然的な帰結として普遍的な時間の仮説を導出しはしなかったが、このような時間の仮説を当然のごとく前提していた。それゆえ、アインシュタインの理論と対決させようとしていたのは、いくぶん、だれもがもつこうした観念であった。当時この理論は、常識を逆なでするような側面が注目されていた。したがって、相対性理論のさまざまな「パラドクス」、速度がことなる多様な時間、継起になる同時性、あるいは角度を変えれば、同時性になる継起について、くどくど論じる必要があった。（中略）こうした吟味の結果はかなり思いがけないものだった。アインシュタインの主張は、唯一普遍の時間を当然のように前提するわれわれの常識に矛盾しないばかりか、それを確認し、それを証明する手がかりさえあたえるものだったのだ。（DSix－x）

ベルクソンが『持続と同時性』のなかで目指したのは、持続というみずからの時間概念から帰結する「普遍的時間」（この概念は、この書で初めて提示された）と、特殊相対性理論の時間概念との「対決」であった。それは、どのような「対決」だったのだろうか。

相対論においては、それぞれの慣性系が相対的に動いているのであれば、ローレンツ収縮によって、おのおの系の時間の流れはことなる。そうなると、この時間は、ベルクソンのかんがえる宇宙を貫く普遍的時間とは明らかに矛盾することになるだろう。ところが特殊相対論を精査した結果、その時間概念も、自身の持続から出発してたどりついた「普遍的時間」を前提していることが明らかになったとベルクソンは序文でいっているのだ。

ベルクソンがたどりついた結論には触れずに、ここでは、この書における特殊相対論批判の一端だけ紹介したい。そして、ベルクソン自身の時間論の最終的結論が述べられている本書において、「持続」がどのように論じられているかに焦点をしぼることにする。『持続と同時性』において、この哲学者の「持続」概念は、ある意味で完成するからだ。

特殊相対論の主要テーゼは、静止した慣性系にたいして、等速直線運動をしている系は、ローレンツ収縮するというものであった。つまり、静止系に対して運動している系自体が縮み、そのためその系の内部の時間はゆっくり進むことになる。ベルクソンが攻撃したのは、時間が緩慢《かんまん》になるということの考えだった。

いままで繰りかえしみてきたように、ベルクソンの時間概念、つまり「持続」の出発点は内的な意識である。そうだとすれば、静止した系からみて運動する系の時間が緩慢になるといっても、その系のなかで実際に生きている人間の意識が、それにつれて変化するとはかんがえられない。意識にこそ時間の本質はあるのだから、静止系だろうが運動している系だろうが、おなじ人間であれば、おなじ意識時間が流れているはずだからだ。

このような観点にたってベルクソンは、いわゆる「双子のパラドクス」に言及する。この例は、ピエールという物理学者が静止した系Sにいて、もうひとりのポールは、その系にたいして等速直線運動をしている系S′にいるという仮定から出発している。

さっそく引用しよう。

もしSにいる物理学者ピエールが系S′にあたえる時間を考察すれば、この時間は、ピエールが自身の系において数える時間より実際は遅く流れていることがわかる。それゆえ、その時間はピエールによっては生きられない。しかしわれわれは、その時間がポールによっても生きられないことを知る。それゆえその時間は、ピエールによってもポールによっても生きられない。(DS73)

静止系Sからみて、時間がゆっくり流れている系S′の時間は、あくまでもピエールというSにいる人物(ここでは物理学者)からみた時間にすぎない。したがってその時間は、もちろんピエールによっては生きられてはいない。しかし同時に、その当の系S′にいるポールによっても「生きられているる」わけではない。なぜならその時間は、静止している系Sのなかで、動いている系S′について計算された時間にすぎないからだ。

いうまでもなく系S′では、ポールは、あくまでもポール自身の時間を生きているのである。ようするに、ポール自身の意識に直接あたえられた〈持続〉を生きているのだ。この持続は、系Sからみて、数学的に(ローレンツ変換によって)処理された時間とは、まったくかかわりがない。それは、数学とは関係のない意識の時間(つまり、持続)だからだ。

この例の結論をベルクソンは、つぎのようにいう。

かくして要約すれば、ピエールによって彼白身の系にあたえられた時間は、彼によって生きられる時間であるけれども、ピエールがポールの系にあたえる時間は、ピエールによって生きられる時間でも、ポールによって生きられる時間でもないし、また意識ある生きたポールによって生きられるかあるいは生きられうるものとしてピエールがかんがえる時間でもない。それは、基準系とみなされたものがピエールの系であってポールの系ではないということを示すよう定められたたんなる数学的表現以外の、いったい何であろうか。（DS74）

ベルクソンによれば、この思考実験においては、静止している基準系Sにおいてのみ人間は生きていて、その人自身の持続のなかにいる。その基準系から見た他の系にいる人たちは、自分自身の持続を生きているわけではなく、Sからみた数学的表現以外のなにものでもない空疎な時間のなかで、いわば「死んでいる」のである。

そして当然のことながらベルクソンは、このような持続とは無縁の「数学的表現」にすぎない時間を認めない。ポールもピエールとおなじように持続を生きているはずなのであり、数学的には「双子のパラドクス」になったとしても、このパラドクスは、真の時間については何も語ってはいないのだ。

ベルクソンはいう。

SとS'とにおける二人の観測者は、正確におなじ持続を生きるのであり、ふたつの系はかくて同一の実在的時間をもつ、とだけいっておこう。(DS85)

こうしてベルクソンは、三〇年以上前に提示したみずからの「持続」概念を、特殊相対性理論の時間概念に抗《こう》して守ったといえないこともないだろう(うまくいったかどうかは、べつにして)。それではつぎに、『持続と同時性』における「持続」概念(つまりは、ベルクソンが最終的にたどりついた時間の観念)についてみてみよう。

21. 持続ふたたび

ベルクソンは、『持続と同時性』の第一章、第二章で、特殊相対性理論をじつに丁寧に説明し、つぎの第三章でみずからの時間論を展開する。この第三章は、第四章以下で本格的に特殊相対性理論と対峙《たいじ》するための準備の章だといえるだろう。

この第三章において、これまでのどの書物よりも「持続」という概念が詳細に論じられているとおもう。しかも、『物質と記憶』と『創造的進化』の成果もとりいれられているため、この書で語られる「持続」の背後では、「記憶」や「生命」といった概念がかなり重要な役割を演じている。そのような意味からも、『持続と同時性』において論じられる「持続」概念こそ、時期的にも内容的にもベルクソンの時間論の最終的立場をあらわしているといえるだろう。

ここでは、この第三章「時間の本性について」でいくつかの角度から細論される「持続」をとりあげてみよう。まず冒頭に「持続」の定義のようなものがのべられる。

> 時間は、われわれにとってはまず、みずからの内的生命の連続と混ざっているのはたしかだ。この連続とは、なんだろうか。それは、流れや推移の連続だ。しかも、それだけで充溢《じゅういっ》している流れと推移の連続である。すなわち、流れるものをふくまない流れであり、移りゆく諸状態を前提しない推移なのだ。ものと状態は、移り変わりを人工的に撮影したスナップショットにすぎない。おのずと経験される移り変わりだけが、持続そのものなのだ。(DS41)

ベルクソンにとって時間とは、あくまでも持続であり、その持続の本質は、われわれの内的生命の連続ということになる。流出し移り変わるわたしの生命こそ、持続であり時間なのだ。『試論』では、持続のモデルは、わたしの意識や感覚だった。しかし、ここにきて「内的生命」にかかわったのだ。『物質と記憶』において「わたしの身体」(mon corps)が強調され、『創造的進化』において「生命の躍動」(élan vital)が指摘されたことが、この「内的生命」といういい方にあらわれているとかんがえていいだろう。

このような内的生命の連続性そのものにたいして、それが固定される「もの」や「状態」は、人工的に切りとられた瞬間写真（スナップショット）にすぎないとベルクソンはいう。この断面図は、時間（持続）の真の姿とは何のかかわりもない。「もの」や「状態」という無理やり分節された切り口（われわれが認識するための支点）は、生命の動きそのものを「殺して」しまうのだ。このような固定点なしに流動しつづけるのが、持続の本来のあり方なのである。

さらにつぎのようにも説明している。

きみは、純粋持続のなかに自分でもどしたメロディやその部分を、分割されていないもの、分割できないものとしてみいだすだろう。さて、われわれの意識的生において終始みてとられる内的持続は、このメロディのようなものなのだ。われわれの注意は、持続から、したがってその分割不可能性からそれることもあるだろう。しかし、われわれが持続を切ろうとしても、それはあたかもナイフの刃を、やにわに炎のなかに突き通すようなものだ。われわれは、刃が通った空間しか分けられない。流星のようなあっという間の動きを目撃したとき、われわれは、どうにでも分けられる光の線を、その流星がえがく分けられない運動からとてもはっきりと区別する。純粋持続というのは、この運動の方なのだ。（DS47―48）

ここでもベルクソンは、聴覚的世界を例に純粋持続の説明をする。メロディがとぎれることなく流れていく。この流れこそ持続だという。さらに秀抜《しゅうばつ》な炎の比喩を語る。炎という連続的に変容していくものこそ持続なのであり、それを分割することなど思いもよらない。炎に切断面をつくろうと、ナイフの刃を突き通しても、そこには、空虚な空間（本当に「空《から》」のヨーカンの切り口）が一瞬かいまみえるだけだ。炎の動きそのものは、何ごともなかったようにつづいていく。

あるいは、流星の動き。流星ののこした痕跡《こんせき》と流星の動きそのものは、まったくことなるだろう。流星の動きをわれわれが捉《とら》えることはけっしてできない。わたしたちが手にするのは、いつもすでに流星の痕跡にすぎない。炎の場合も流星の場合も、「持続そのもの」はどこにも登場しない。あっという間に消えてしまう。痕跡だけをのこす、連続的に変容しつづけるこの運動自体が「純粋持続」というわけだ。

さて、このような流動、具体的には、炎や流星をどのようにかんがえればいいだろうか。これまでも何度も指摘したように、われわれは、痕跡からさかのぼって炎や流星を推測している。〈炎そのもの〉や〈流星そのもの〉を、そのままのかたちで知覚しているわけではない。直前の段落で「「持続そのもの」はどこにも登場しない。あっという間に消えてしまう」と書いたけれども、「あっという間に消えてしまう」その当体を、われわれはけっして知らない。本当に「消えてしまった」のかどうかたしかめる術《すべ》はないからだ。

われわれが「流動」や「運動そのもの」といっているのは、あくまでも過去化されたものにすぎない。過去化された〈もとのもの〉をとりだすことは、原理的に不可能だからだ。ベルクソン自身いっているように、「ものと状態は、移り変わりを人工的に撮影したスナップショットにすぎない」のである。「人工的」というのは、ありもしないのに無理やり創りだしたという意味だろう。

　ところが一方でわれわれは、「もの」や「状態」という形式でなければ、なにも認知することはできない。ベルクソンは、「それだけでおのずと経験される移り変わりだけが、持続そのものなのだ」といっているけれども、経験しているかもしれないけれども、それをたしかめることはけっしてできないだろう。たしかめることができたとしたら、それは過去のものであり記憶においてでしかない。つまり、どうやっても絶対に〈現時点での経験〉をたしかめることはできないのだ。

　炎も流星もおなじことだ。「炎」や「流星」をわれわれが知覚している（とおもっている）のは、ある幅をもった過去を、われわれが記憶しているからだろう。記憶像の「炎」と流星がたどった線をみているにすぎない。「炎」そのものと「流星の動き」そのものは、もはやどこにもない（いや、最初からどこにもなかったのかもしれない）。「炎」や「流星の軌跡」が幅も長さも体積もあるものとしてこちらに映るということは、すでにそれが過去のものだということを意味しているからだ。

　こうして『持続と同時性』における「持続」概念も、いままでの批判を免《まぬが》れないことがわかるだろう。だがこの本は、『物質と記憶』の後に書かれているだけあって、『意識に直接あたえられたものについての試論』とは、ことなる要素も加わっている。それは「記憶」という側面だ。

　つぎに「記憶」についてふたたびかんがえてみよう。

22. 記憶ふたたび

前にも引用したが、『持続と同時性』の冒頭で「持続」についてのべたところに、すぐに記憶ができていた。これだ。

そして、おのずと体験されるこの移り変わりだけが持続そのものなのだ。この移り変わりは記憶ではあるが、しかし、個人の記憶ではない。記憶がとどめるものの外にある記憶でもなく、記憶がしっかりと保存している過去と区別された記憶でもない。変化そのものの内側にある記憶である。すなわち、後のもののなかに前のものを延長する記憶であって、これらのものが、たえず再生する現在のなかであらわれては消える純粋に瞬間的なものであるのをさまたげる記憶なのだ。(DS41)

前にも同様のことをのべたように(また後述もするが)、瞬間は、われわれの観念にしか存在しない。そもそも「瞬間」という熟語に、「間」という語がはいっていること自体がおかしなことなのだ。真の意味での〈瞬間〉は、「瞬間」ではない。瞬間が、「間」という幅をもっていてはおかしいだろう。時間は、かならず持続している。しかも、その持続は途切れることがない。そうだとすれば、真の意味での〈瞬間〉は、どこにも存在する余地がない。数学における面積のない点や幅のない線とおなじことだ。

この途切れることのない持続の幅を保証するのは記憶である。これも先述したけれども、われわれが記憶によって幅をつくる（開く）からこそ、そこに持続が登場できるのだ。つまりは、記憶をわれわれがもっているからこそ、時間は流れはじめるといえるだろう。「記憶」という能力によって、持続が可能になる場が開かれ、その場で時間が流れはじめる。あるいは、〈その場そのもの〉が流れはじめるといった方がいいかもしれない。

しかし、このことはぎゃくにこう問うこともできるだろう。もし、われわれに記憶という能力がそなわっていなければ、どうなるのか。記憶によって場が形成されなければ、時間は流れない。そうすると記憶能力が存在しなければ、この世界の時間は流れなくなるのだろうか。あるいは、この世界は持続しなくなるのか。

ベルクソンは、つぎのようにもいう。

ふたつの瞬間をたがいに結びつける基本的な記憶なしには、ふたつの瞬間のうちのいずれかひとつしか、したがって唯一の瞬間しか存在しないし、前と後や継続や時間は存在しなくなるだろう。まさに連結のために必要なものだけをこの記憶に認めることになる。この記憶は、そういいたければ連結そのものなのだ。すなわち、直前の瞬間ではないものをつぎつぎと忘れ、直後へと前を延長

するだけのものになるだろう。それでもやはり、ひとは記憶を導入したことになろう。(DS46)

記憶がもしなければ、瞬間(のようなものが存在すると仮定して)は積み重なることなく、そのつど生成消滅していく。あるいは、いい方を変えれば、一瞬いっしゅんあらたに創造されることになるだろう。もちろんこれは、世界の存在を前提すればの話ではあるけれども。しかし、そこには、記憶をもつ存在はいないのだから、世界がそのつど創造されようが、されなかろうが、だれにも認識されない。聴覚をもつ存在がいない森で、大木が倒れたとしてもコトリとも音はしないのだ。その森には、音はまったく存在しないのである。それとおなじように、記憶をもつ存在がいなければ世界はそもそも存在しないだろう。つまり、掛《か》け値《ね》なしの無である。

記憶とはいったいなにか。われわれの世界に必然的にそなわっているものなのか。そうではないだろう。「記憶障害」という語やそれに対応する現実がそのことを示している。記憶は、失われることもある。あたりまえだ。これは、われわれが日々経験していることである。そして、それが失われる可能性のある能力なのであれば、すべての人間に記憶のない状態を想定することも難なくできるだろう。そのとき世界はどうなるのか。

すべての存在が記憶を失った場合、おそらく世界は、いまとはまったくことなる様相を呈するだろう。この世界を映す映写機がなくなったわけだから、スクリーンには何もうつらない。あるいは、スクリーンそのものもなくなるだろう。「補助点としての〈わたし〉」で引用したウィトゲンシュタインの独我論においては、独我を徹底して突きつめれば、〈わたし〉は、面積のない点になり最後には消えてしまう。しかし、今度は、独我の方ではなく、実在の方が消えることになるだろう。記憶という実在の基盤が消滅したのだから、実在の方が面積のない点になり、最後は消失してしまうにちがいない。映像もスクリーンも映写機も何もかもなくなる。映画館は、もぬけのからだ。いや、映画館自体も消えてしまっている。

いや、そんなことはないだろう。全存在が記憶を失ったにしても、映画館は存続し映画はつづいていくだろう。映画館にだれもいなくとも、スクリーンには、さまざまな情景がうつっているはずだ。しかし、この進行中の映画は、いなくなった〈わたし〉（独我）の記憶のなかの映像ではないのか。すでにいない〈わたし〉が、記憶という能力をもっているから、その痕跡がだらだらとつづいていただけではないのか。「記憶」という、人間にたまたまそなわった能力のおかげで、世界はたまたま存在しているようにみえていただけではないのか。本当は、何もおこっていないのに。そうであるならば、記憶がなくなれば、ただの無になるのではないだろうか。

つづいてベルクソンは、こういう。

> じつをいうと、それがどんなに短くても、ふたつの瞬間を分ける持続と、ふたつの瞬間を結びつける記憶とを区別することはできない。なぜなら持続は、本質的には、存在するもののうちにはもはやないものが連続することだからだ。そこに本当の時間、わたしのいう知覚され生きられた時間がある。そこにはまた、かんがえられたあらゆる時間もある。なぜなら、知覚され生きられた時間を思いうかべなければ、時間をかんがえることなどできないからだ。それゆえ時間は意識をふく

む。持続する時間を事物にあたえることによって、われわれは、意識を事物の底にすえるのだ。（DS46−47）

時間というのは、（もし流れているとすれば）どのように流れるのだろうか。現時点（というい方自体、点時刻を前提にしているのでまちがっているのだが）にあるもの（存在するもの）だけでは、あたりまえだが時は流れない。ベルクソンがいうように、「存在するもののうちにはもはやないものが連続」しなければならない。そのために、記憶が本質的にかかわってくるのは明白だろう。いま存在しているものに、記憶（存在していたもの）をかさねることにより、連続という状態のいわば錯覚が生じ時は流れる。わたしが知覚し体験した時間を〈いま〉にかさねなければ、時は流れないというわけだ。だからこそ、「時間は意識をふくむ」とベルクソンはいう。〈いま〉という状態に、もはや存在しないもの（記憶）を意識がくわえることにより、時間が流れはじめるということになるだろう。しかしこれは、「時間は、じつのところ流れてはいない」といっているに等しいのではないだろうか。

『物質と記憶』でも、ベルクソンはつぎのようにいっていた。

あなたが、現在の瞬間を過去と未来とを分かつ不可分の境界だと理解しているなら、現在の瞬間ほど存在しないものはない。われわれがこの現在を存在するにちがいないとかんがえているときには、それはまだ存在していない。そして、われわれがこの現在を、現実に存在しているとかんがえているときには、それはすでに過ぎさっている。反対にあなたが具体的で意識によって実際に生きられている現在をよくみれば、この現在は大部分が直前の過去のうちに存するということができる。（MM166）

ここでいわれている「具体的で意識によって実際に生きられている現在」というのは、ベルクソンの議論では、どこにも登場しない。この議論をそのままうけとれば、われわれが勝手に現在を生きているとおもっているだけだという結論になりはしないだろうか。過去のものが眼前にあるからといって、その過去のものが、時間の流れの「痕跡」だとはいえないからだ。何かの「痕跡」ではなく、〈ただの幻〉である可能性はないのか。

『試論』における「純粋持続」の定義のところでも論じたように、ベルクソンの時間論は、まず公理として、流れる時間である「持続」を設定している。なによりもまず「時間は流れている」という堅固な前提が出発点なのだ。しかし、この前提を考慮にいれなければ、ベルクソンの全著作のなかには、生きいきと流れる「持続」そのものはあらわれてはいない。

ベルクソンは、つぎのようにもいう。

あなたの知覚は、どれほど瞬時のものであろうと、数えきれないほどおおくの思いだされた要素群から構成されている。本当のことをいえば、あらゆる知覚はすでにして記憶なのだ。われわれは、実際には、過去しか知覚していない。なぜなら、純粋現在とは、過去が未来を蚕食《さんしょく》していくと

らえがたい進展だからだ。(MM167、強調ベルクソン)

ベルクソン自身、現在は存在していないという。われわれの知覚はすべて記憶であって、その対象はじつは過去なのだ。現在われわれは、目の前にあるものを知覚しているわけではない。〈現在そのもの〉(「純粋現在」)は、どこにも登場しない。それは、「過去が未来を蚕食していくとらえがたい進展」なのである。しかし、その「進展」は、何度も繰りかえすようだが、われわれが実際にたしかめることはできない。進展していると確認もせずに前提するしかないものなのだ。ベルクソン自身も「とらえがたい」(insaisissable)といっているではないか。時間の進展はとらえがたい、しかし、それは存在している(ようにみえる)。この原理的パラドクスをどう解消すればいいのか。

ベルクソンは、おなじ事態をつぎのようにもいっている。

しかし、実在している、具体的で生きられている現在、わたしが自分の現在の知覚を語るときに語っている当のもの、それは、かならず持続を占めている。この持続は、いったいどこに位置しているのか。わたしが現在の瞬間をかんがえるとき、理念的に限定する数学的点の此岸《しがん》にあるのか、あるいは、彼岸《ひがん》にあるのか。いうまでもなく持続は、まったく同時に此岸にもあり彼岸にもある。わたしが「わたしの現在」とよぶものは、まったく同時にわたしの過去も、わたしの未来も侵食しているのだ。(MM152－153)

ベルクソン自身が、とらえどころのない「持続」の存在する場所を特定しようとしている（「この持続は、いったいどこに位置しているのか」）。そしてその場所は、「数学的点」（現実にはもちろん存在しない面積のない点）の「此岸にもあり彼岸にもある」という。これでは答にならない。まず「数学的点」は「理念的」なものだ。具体的に存在してはいない。その定点にもならない空虚な点の「此岸にも彼岸にもある」というのは、好意的に解釈しても、「どこにもけっして存在しない」という意味を強めたいい方としかとらえられないだろう。

このような空漠としたいい方をベルクソンは埋め合わせようとして、この事態をつづけて具体的に説明しようとこころみる。

まず、わたしの過去を侵食しているというのは、「わたしが話しているこの瞬間は、すでにわたしから遠く離れている」からだ。つぎに、わたしの未来を侵食しているというのは、この現在の瞬間が傾いているのは未来にたいしてであり、わたしが目指すのも未来だからだ。わたしが、この不可分の現在を、時間曲線のこの無限小の要素を固定できるのは、それが指し示すのが、未来の方向だからである。それゆえ、わたしが「わたしの現在」とよぶ心理状態は、直近の過去の知覚であると同時に、直近の未来の確定でなければならない。(MM153)

「わたしが話しているこの瞬間は」、わたし自身から遠く離れ、同時に未来へと傾いているとベルクソンはいう。しかし、このようないい方をするよりも、「わたしが話しているこの瞬間は、どこにもない」といった方が、事態を正確にいいあてているのではないか。そんな瞬間は、どこにもないけれども、ある種の「知覚＋記憶」というものが、あらわれてはいる、ということではないのか。それは、幻のようなものであるけれども、ということだろう。

ベルクソンの『物質と記憶』は、このような「知覚＋記憶」の状態を「イマージュ」とよび、「わたしの身体」という中心点において、その「イマージュ」の領域が開かれているという考えから出発した。「特別なイマージュ」である「わたしの身体」は、「純粋記憶」（精神）と「純粋知覚」（物質）のいわば「蝶番《ちょうつがい》」のような役割を演じる。わたしの身体が知覚をするとき、そこに記憶がはいってくるのだ。それが、「イマージュ」の領域で、その領域を囲むように、「純粋記憶」と「純粋知覚」があるということになるだろう。

「純粋記憶」と「純粋知覚」というときの「純粋」とは、それぞれ「知覚がまったくはいっていないもの」（純粋記憶）と「記憶がまったくはいっていないもの」（純粋知覚）という意味であった。そうなると、さきほどからのべている記憶のない世界は、ベルクソンの用語をつかえば、「純粋知覚」ということになるだろう。われわれが日常の生活で知覚をする場合、かならず記憶がそこに介在している。持続を可能にする非人称的記憶（これは、知覚の基盤になるわけだが）と、知覚をする当人の個人的記憶（これは、知覚をより容易にする）の二種類がはいりこむ。それらの記憶がまったくはいってこない領域が、「純粋知覚」である。

しかし、ベルクソンは、この「純粋知覚」は、事実的なものではないという。

純粋知覚とは、事実としてではなく、むしろ権利上存在する知覚であり、わたしがいま現にいる場所に位置し、わたしが生きているように生きいきとしてはいるけれども、しかし現在に没入し、あらゆる種類の記憶を排除して、物質世界にかんして直接的かつ瞬間的なヴィジョンを獲得することができる存在がもつような知覚である。(MM31)

「純粋知覚」とは、われわれの記憶が完全に消えたときの物質界のことだといえるかもしれない。しかしそのとき、「物質世界にかんして直接的かつ瞬間的なヴィジョンを獲得することができる存在」がいなければ、その物質界はまったく知覚されない。つまり、何もないのだ。たしかに、記憶という能力をもつ「われわれ」(人間もふくめた記憶力をそなえた生物)が皆無《かいむ》になったとしても、そのような存在がいれば世界は存続しているかもしれない。ただし、その存在にたいしてしか、この世界は現前していないけれども。

だから、「物質についての直接的で瞬間的なヴィジョンを獲得できる存在」がもしいなければ、世界は完全なる闇、つまり〈無〉になるだろう。これは、たしかなことである。

23. 流れの同時性

『持続と同時性』において、ベルクソンは、宇宙を貫く普遍的時間という概念にたどりつく。その議論は、あまりにも性急で成功しているとはいいがたい。しかし、その普遍的時間を構成するための出発点である「流れの同時性」という概念は、とても興味ぶかい。この「流れの同時性」について触れてみよう。

ベルクソンは、つぎのように書いている。

相対性理論の理論家たちは、ふたつの瞬間の同時性についてしか語らない。しかし、その同時性以前に、その観念がもっと自然な、べつの同時性がある。それは、ふたつの流れの同時性だ。はっきりとは分けずに、でも分配もできるのが、われわれの注意のまさに本質だと、わたしたちはいった。川岸にすわっているとき、水の流れ、船の滑り、鳥の飛翔、われわれの深い生命の絶え間ないざわめき、それらは、われわれにとって三つのちがうものであったり、ただひとつのものであったり、そのつど選ぶことができるだろう。われわれは全体を内面につつみこみ、三つの流れを一緒にして自身の流れにひきこむ、ただひとつの知覚だけに没頭することもあるだろう。あるいは、最初のふたつを外にのこして、われわれの注意を内と外とに分配することもある。あるいは、それどころか、一であるとともに多でもあるという注意のもつ特異な性格のおかげで、三つの流動を結びあわせながらも分離し、同時に両方のことをすることもあるだろう。これが、われわれの同時性の最初の観念だ。（DS50―51）

ベルクソンにとって時間は、持続によってできあがっている。それぞれの人間の意識の流れこそが時間の本来の姿なのだ。われわれの注意のあり方が、はっきり分割されることなく、いくつかのものに「同時に」分配されるという特徴をもっているがゆえに、この「同時性」は成立する。川岸にすわりながら、われわれは「水の流れ」「船の滑り、鳥の飛翔」そして自分自身の「生命のざわめき」（意識の流れや身体感覚の流れ）を同時に知覚している。そして、これら三つは、ことなるものとして「同時に」意識されたり、あるいは、すべてを意識しながら、〈いま・わたし〉がいる状態を、ひとつの全体として認識されたりもするだろう。

あるいは、外側の流れを無視して、自分自身の内側にだけ沈潜《ちんせん》することもある。さらに、それらすべての流れを一体のものとして意識しながらも、「同時に」三つのことなるものとして認識していることもあるだろう。このようなわれわれの注意のあり方のさまざまな可能性をふくむ同時性が、「流れの同時性」だ。

ベルクソンは、さらにつぎのようにつづける。

そこで、このふたつの外側の流れを、わたしたちは同時とよぶ。というのも、三番目の、われわれの生命の流れである持続のなかに、このふたつの外側の流れがおさまることにより、われわれの持続とおなじ持続を占めることになるからだ。わたしたちの意識が自分だけに注目するとき、この持続はただわれわれの持続でしかない。しかし、わたしたちの注意が、三つの流れを分割できない唯一の行為のなかにつつみこむとき、この持続は、ひとしくそれぞれの流れの持続となる。（DS51）

自分自身の持続が、ひとつの全体になって、そのなかに外側のふたつの流れ（「水の流れ」と「船の滑り」「鳥の飛翔」）を「同時」とよぶことができるというわけだ。自分自身の意識にだけ焦点を合わせているとき、そこにはみずからの持続だけが存在している。その注意を、すべての持続に向けるとき、それら三つの持続が同時に流れていくとベルクソンはいう。

わたしの内的生命の流れと、水の流れや鳥の飛翔は、ことなった流れだ。それぞれ質的多様性として独自の持続をかたちづくっている。これらの異質なものを「同時」という概念でまとめるとき、その背景になっているのが、わたし自身の持続だというわけだ。このわたしの持続は、「同時」という概念を成立させるとき、どのような役割を演じているのだろうか。わたしの持続と、そのなかにはいっているふたつの持続とが「同時」だというとき、その基底には、ある種の「空間」がなければならないだろう。それは、「分割できない唯一の行為」だろうか。この「分割できない唯一の行為」が、

「同時」を成りたたせるためには、その行為からぬけだす必要があるだろう。行為そのものに没入していたのでは、「同時」の判定の基盤にはならないからだ。

たしかにベルクソンは、この「流れの同時性」を空間的ではないものとして強調していた。このような「流れの同時性」をかんがえているかぎり、われわれは純粋持続にとどまっているのかもしれない。そこから「瞬間の同時性」へうつってしまうと空間化の錯誤をおかしてしまうとベルクソンはいう。

以下のように説明する。

いま、われわれが純粋持続にとどまれば、ふたつの流れの同時性からふたつの瞬間の同時性に移行することはけっしてないだろう。なぜなら、どんな持続にも厚みがあり、実在する時間に瞬間などないからだ。ところが、わたしたちは、時間を空間に変える習慣を身につけるとすぐに、瞬間の観念を、そして同時の瞬間という観念もおのずとつくりあげてしまう。なぜなら、持続は瞬間をもたないとしても、線の末端は点だからだ。われわれは、ある持続に一本の線を対応させるのだから、この線の部分に「持続の部分」が、さらに、この線の末端に「持続の末端」が対応することになるだろう。これが瞬間だ。すなわち、現実には存在しないが、潜在的には存在するものなのである。(DS51−52)

まず「純粋持続」のなかにとどまるならば、そこに空間は一切はいってこないのだから、意識や感覚などの流れだけであり、「同時」という観念はでてこない。つまり、この持続のなかにいるだけでは、「同時」とはいえないということだ。この純粋持続のなかにいながら、その状態からぬけでて、三つの持続を外側から眺めなければ、「同時」という判定はできない。このようにぬけだす過程には、かならずある種の「空間」がかかわっているはずだ。持続からでて、「空間」をながめ、「同時」だと確認することになるだろう。

だから、「われわれが純粋持続のなかにとどまるならば」、ふたつの瞬間の同時性だけではなく、ふたつの流れの同時性へも移行などできないのではないか。「持続」は「厚み」をもつから瞬間は登場できないとベルクソンはいう。しかし、持続が厚みをもつから瞬間は存在しないのではなく、つぎにベルクソン自身がいうように、実在的時間はそもそも瞬間をもたないのではないのか。というのも、持続の厚みは、過去の痕跡としてしかわれわれにはたしかめることができないからだ。

ベルクソンがいうように「時間を空間に変える」ことができるのも、そもそも時間は空間的なあり方でしか認識できないからだろう。ベルクソンがかんがえているような「純粋持続」そのものをわれわれは、たしかめることができないのだ。だから、「時間を空間に変える」のではなく、「時間は空間」なのである。われわれが純粋持続のなかにとどまるとき、そこには、持続を認識する視点はどこにもない。だから、純粋に持続しているなどということは、けっしてわからない。

純粋な持続をやめ、持続を空間化したとき、「過去」の持続が持続の「痕跡」としてあらわれる。しかし、これは、「持続」の痕跡かどうかは、どのような手段をとっても確認できない。ただの「痕跡」にすぎないのだから。そこに「持続」をみてとるのは、そのような選択（もちろん、恣《し》意《い》的な）

をしているにすぎないだろう。ベルクソンは、そのような見方を選び、「純粋持続」を公理とした。

このようにかんがえれば、空間がはいっていないという意味での「純粋持続」という概念は矛盾していることになるだろう。純粋であれば、持続していることはたしかめられず、持続だとわかったとすれば、それは純粋ではない（空間がはいりこんでいる）からだ。ベルクソンは、純粋に持続することと、それが「純粋持続」であると確認することとを混同しているようにおもわれる。もしわれわれが、「純粋持続」の状態にあるのであれば、それが、どのような状態なのかは、けっしてわからないだろう。そもそも、このような議論の土台が形成されることはないはずだ。

こういった意味において、実在の時間に瞬間がないのは、持続に厚みがあるからではなく、もともと瞬間が存在しないからだ。たしかにベルクソンがつぎのようにいうとき、点時刻である瞬間は存在しない。

> 瞬間とは、持続がとまった場合の終端なのだ。しかし、持続がとまることはない。だから、実在の時間は瞬間をうみだせないだろう。瞬間は数学の点から、すなわち空間から生じた。けれども、実在の時間なしには、点は点でしかない。瞬間は存在しないだろう。こうして瞬間であることは、ふたつのことをふくむ。すなわち、実在する時間の連続性、つまり持続の連続性と、空間化された時間、つまり動きによってひかれ、その動きの軌跡によって時間を意味するようになった線とである。点をふくむこの空間化された時間が、実在する時間を切ってとび、そこに瞬間を生じさせる。(DS52)

ここでベルクソンがいっているのは、瞬間が生じるためには、その背景に実在する時間（持続）が流れていることと、空間化された時間（時間をあらわす直線）とが必要だということである。そして、後者によって前者が切りとられるとき、瞬間が生じるのだ。さきに引用した例でいえば、炎（持続）のなかに刃物（空間化された時間）をいれて切るとき、瞬間があらわれるということだ。

この場合の瞬間は、炎のなかに「一瞬」空虚な切り口があらわれただけであり、そこにはなにもない。つまり、瞬間は無だということである。そして、これは炎に厚みがあるからではなく、炎をいくら切っても何もないからなのだ。だからこそ瞬間は存在しない。それというのも、炎の厚みは、記憶によってつくられた幻影のようなものなのだから。

炎のそのつどのあり方は、どのようなものかわからない。ただ記憶によって蓄積された過去の陰影として、厚みのある炎があらわれるだけだろう。だから持続には本来の厚みがあるかどうかわからないのであり、瞬間はそもそもありえないのだ。このようにかんがえれば、持続と空間化された時間とを対立するものとして論じること自体おかしいことがわかるだろう。持続に厚みがあるとかんがえるのも、記憶という場におけるある種の空間化であり、空間化された時間とは程度の差しかない。

そもそも「同時」とか「瞬間」というのは、どういうことだろうか。たとえば、「同時」についてベルクソンはつぎのようにいう。

知性をもった微生物なら、「隣りあった」ふたつの時計の間に巨大な隔たりをみいだすだろう。

そしてこの生物は、そのふたつの時計がさす時刻の間に直観的に知覚される絶対的同時性があるなどとはいわないだろう。ここで、アインシュタイン以上にアインシュタイン的なこの生物が、同時性というい方をするのは、微生物用のふたつの時計の同時刻をたしかめることができた場合だけだ。この時計は、人間の「隣りあった」ふたつの時計のかわりであり、光学信号によってたがいに調整されている。われわれの眼には絶対的である同時性も、その生物の目には相対的と映るだろう。なぜなら、その微生物は、絶対的同時性を、今度はみずからが「同一の場所で」知覚する(「知覚する」というのは、やはりまちがっているだろうが)微生物用のふたつの時計の時刻にうつすだろうから。(DS55−56)

ここでベルクソンがいっているのは、「同時」というためには、ふたつの時計の距離は問題ではない。どんなに近接した時計であっても、微生物にとっては、とても離れているのだから、「同時」という概念の成立は、ふたつの時計の距離の問題ではない、ということだろう。だからこそベルクソンは、「流れの同時性」という考えをもちだしたのだ。

しかし、ここでベルクソンが提起したことを、逆方向に原理的におしすすめれば、「同時」は、ふたつの時計ではなく、ただひとつの時計においてしか成立しえないということになるだろう。ふたつ(複数)の事象や時計であれば、どれほど近いとはいってもかならず距離があるのだから、知覚によって同時だと確認する視点を設定するのは不可能だろう。こうかんがえれば「同時」は、その概念を徹底させれば、ひとつの点においてしかいえなくなる。つまり、知覚が同時の確認にかかわっているのであれば、「同時」は、知覚する主体においてしか成立しえない。つまり、知覚する存在の〈いま・ここ〉においてしか成りたたないことになるだろう。

「瞬間」も同様の構造があるのではないか。瞬間は、そもそも存在しない。空間化された時間直線上の点にすぎないのだから、そのようなものは実際の持続のなかにはないからだ。しかし、われわれが「瞬間」といういい方をするとき、そして「間」という幅を意味する語がはいっていることを度外視するとき（つまり、「瞬く間《またたくま》」という幅をもつ表現であることを無視するとき）、われわれがかんがえるのは、〈いま・ここ〉ということではないのか。

自分の外側の現象に「瞬間」という語を適用すれば、どうしても時間を空間化して、虚構としての点時刻をつくらざるをえない。しかし、たとえば「いま、この瞬間」というとき、それは、まさに空虚な中心としての〈いま・ここ〉を指しているのではないだろうか。しかし、これはまさに〈空虚な中心〉なのであって、幅もなく、間もなく、何もない。しかも、「何もない」などと言語によって表現されるようなものでもない。だから、どれほどことばをつくしても、〈そこ〉（あるいは、〈ここ〉）には、けっしてたどりつけない。こういう意味で、「同時」と「瞬間」というふたつの概念の構造が同一だといいたいのだ。

そうなると、〈いま・ここ〉が、最後に問題になるのではないのか。

24. 〈いま・ここ・わたし〉

「1. 補助点としての〈わたし〉」のところで書いたように、われわれは〈いま・ここ・わたし〉という閉じられた窓から世界をみている。この〈いま・ここ・わたし〉というのは、何かを指示しているわけではない。〈いま〉というのは時ではなく、〈ここ〉というのは場所ではない。繰りかえしになるが、〈いま・ここ〉というのは、なにも指していない空虚な点なのだ。しかも、たんなる「無」でもない。存在と無が対立する前のなづけようのない場所だ。というのも、この〈いま・ここ〉がなければ、何もはじまらないからだ。〈いま・ここ〉とは、ここから〈すべて〉がはじまる出発点のようなものだといえるだろう。

十年前、拙著で、〈いま・ここ・わたし〉は、「三重の他者」だと書いた。一つ目の他者は、〈わたし〉をとりかこんでいる「他者」の群だ。一見〈わたし〉とおなじようなあり方をしているものもいる。しかし、その内面も動きもなにもかも、こちら側（〈わたし〉）からは、徹頭徹尾うかがいしれない。人間も動物も植物も鉱物もプラスチックも機械も空気も血液もCDも、なにもかもだ。〈わたし〉とは、まったくことなるあり方をしている。というより、「ことなる」といういい方などできないくらいちがう。根本的に地平も次元もことなる非対称的なあり方だからだ。もし〈わたし〉が、ほかの人間やキノコや鋏《はさみ》になったとしても、この〈わたし〉という視点（窓）から離れられないのであれば、何も変わらないだろう。依然として〈わたし〉は、〈わたし〉でありつづける。この窓は、「唯一無二」という語が無効になるくらい、〈これ〉そのものだからだ。

二つ目の他者は、〈わたし〉がこうして紡《つむ》いでいる「ことば」。これもまた、〈わたし〉とは、最初から何のかかわりもない。ただ、たまたま特定の共同体のなかにうまれおち、否応《いやおう》なく育ってきたためにつかっている「恣意的《しい》」なものだ。〈わたし〉のものでもなく、だれのものでもない。だからこそ、だれでもが無自覚に使用し、的をけっして射ぬかないとてつもなく大雑把な道具だ。しかし、「われわれ」（〈わたし〉以外は、とりつく島のない「他者」）にとっては、ただひとつの道具であり、すべての思考の出発点でもある。これをつかうしか手はないのだから、〈わたし〉は、〈わたし〉独自の思考はまったくできないに等しい。「われわれ」（実は、〈わたし〉はだれ一人としてそのなかに属してはいない。しかし、このことも本当はわからないけれども……）の思考が、自己完結的に終始おこなわれているだけである。

以下のように、わたしは書いていた。

フッサールが、還元をおこなうさいにも使用せざるをえない言語は、ある共同体において伝統的に受けつがれてきたものであり、多くの「他者」のパロールによって形成されてきたラングである。しかも、その「他者」にとってもつねにラングは、それ以外の「他者」による伝統的形成物な

のであって、自分独自のパロール行為をすることができる主体は、どこにもいない。(IT227－228)

最後に〈わたし〉そのもの。〈わたし〉は、いかにも〈わたし〉であるかのような面持《おもも》ちをしているけれども、どうかんがえても〈わたし〉は、〈わたし〉ではない。〈わたし〉というのが、もし〈そこでわたし自身の思考や感情が生まれてくるおおもとの場所〉というのであれば、〈わたし〉は、まったく〈わたし〉ではない。いつ、〈わたし〉が自分でかんがえることができるだろうか。どのようにして自分自身の感情を〈わたし〉が生みだすことができよう。思考は、いつでもどこからかやってくるものであり、すでにいつも襲いかかってきている。〈わたし〉は、ことばを発する前に、どのようにしてそのことばを、あらかじめ思考できるだろうか。つねに〈わたし〉は、予行演習なしで唐突《とうとつ》に思考しはじめ語りはじめるのではないか。

感情もおなじことだ。嬉しくなりたいと意図して嬉しくなることができる人間がいるだろうか。いるかもしれない。しかし、少なくとも〈わたし〉は、そうではない。一度たりとも、感情をコントロールできたためしはない。かならず感情は予告なしにやってくる。予告はあるかもしれない。うきうきする気分とか。しかし、その予告は、絶対に予告なしにやってくるだろう。電話やメールはむろん、はがき一本くれずに、ささやきすらなく垂直に感情は襲いかかってくる。そして世界を一変させるのだ。このような事態のどこに、いかにもわたしらしい〈わたし〉がいるだろうか。どこにもいない。

だが、そのような思考や感情の急襲をじっとみている〈わたし〉もいるではないか。このように記述できるのも、その〈わたし〉がいたからではないのか。しかし、その〈わたし〉は、その観察を意図してやるのだろうか。その〈わたし〉は、冷静にじっといつも自分をコントロールできているのか。もし、コントロールできているとすれば、そのコントロールしている〈わたし〉とじっと観察している〈わたし〉は、べつではないのか。おなじなのか。おなじであれば、「冷静さ」が、そのおなじ〈わたし〉に「急襲している」だけではないのか。どこまでいっても、本当の〈わたし〉はいない。

われわれは、地平にかこまれている。しかし、その地平は「家族的類似性＝外部性」というありかたをしていることによって、つねにすでに外部に開かれている。さらに、われわれの中心と目される「生き生きした現在」も結局は確認できない深淵へと沈んでいく。しかしもちろん、地平は「生き生きした現在」のなかにあるともいえるし、「生き生きした現在」の方が地平によって形成されているともいえる。このふたつの概念の関係を空間的イメージで把握してはならない。あくまで、視点を据える角度によって、ことなるアスペクトを呈するのは当然なのだから。

そして、さらに地平の全体（世界地平）、すなわち「地平線」の外側にも絶対的「他者」が控えているだろう。このようにわれわれは、「三重の他者」的なるものによって、形成されていることになる。いわば、三重の「他者負荷性」によって、かろうじて成立している虚焦点が〈わ・た・し〉だということになろう。

陳腐ないいかただが、ランボーの言葉（Je est un Autre.）を借りれば「わたしとは、他者である。」

しかも三重に」ということになるだろう。(IT235)

この〈いま・ここ・わたし〉の構造は、十年たっても〈わたし〉のなかで、〈ごくあたり前のことだけれども〉一向に変わらない。このような「三重の他者」である〈いま・ここ・わたし〉は、〈存在と無〉以前のありかたで、この世界(記憶=持続)が開かれる場になるだろう。そこで、始源の空間化(〈存在と無〉以前の場が、存在という空間を開く)がおこるのだ。この始源の空間化によって、持続という場が開かれる。このことによって、いわゆる世界がはじまるといえるだろう。しかし、その世界は、いまのべたように、ベルクソンが批判する意味での「空間」のなかで展開される。たしかに、わかりやすい意味での「空間」(「等質空間」)ではないにしろ、「空間」であることにちがいはない。真の姿(「いま・ここ」という〈存在と無〉以前の場)をことなったもの(記憶という存在)に歪曲《わいきょく》しているからだ。

この世界はすべて過去の記憶によってできている。その記憶のもとである現在そのものは、たんに仮説にすぎない。『物質と記憶』において、純粋知覚は、あくまで権利上のものにすぎなかった。記憶をまったく消去すると、そこには、純粋な知覚だけがあるとかんがえるほかないというわけだ。いってみれば、『物質と記憶』の、「記憶」・「イマージュ」・「知覚」によって構成された世界の理論的要請なのである。否定的ないい方をすれば、「純粋記憶」(精神)との対称性を保つためだけに必要になったものともいえるだろう。人間の記憶とはべつに、物質世界がなければ話ははじまらないにちがいない、というだけのことではないのか。

もちろんベルクソンは、世界の存在を前提していたし確信もしていた。しかし、その世界は、いままでのべてきたように、われわれが眼にしている過去の世界から出発して、いわば事後的に構成した幻のようなものではないのか。記憶によるわれわれの世界を保証する(であろう)現在そのものに近づく道は、原理的にとざされているからだ。むろん(矛盾したことをいうようだけれども)、世界はたしかに存在している。それは自明だろう。しかし、その存在が、記憶によって織りなされていることもまたたしかなのだ。記憶のみによってできている世界、それがいわゆる「真の世界」なのではないか。

仮説にすぎないこの世界の存在をなぜ認めなければならないのだろうか。それは、「真の世界」の「真」が、真偽が対立している世界での「真」ではないからだ。真偽以前の〈真〉だからである。これ以外のあり方は想定できない〈真〉なのだ。だから結局、この世界は、真でも偽でもなく、そして何ものでもない。われわれには残念ながら、この世界しかないだけなのである(モーフィアスが連絡してくれれば、べつだけれども)。

ベルクソンもいうように「瞬間」は存在しない。〈いま・ここ〉は、そのような瞬間ではない。瞬間は、ベルクソンのいう時間(持続)が空間化され、数直線となったうえでその線上の点として析出《せきしゅつ》されたものである。つまり等質空間のなかの点のようなものは、われわれの世界には存在しないというわけだ。

それにたいして〈いま・ここ〉は、この世界の出発点であり、その中心でもある。そのような世界という「空間」そのものの始まりだといえるだろう。しかし厄介なことに、この始まりはどこにもない。瞬間が存在しないというのとはまったくことなった意味で存在していないのである。この世界というスクリーンをみている観客は、自分の座っている席をたしかめることはできない。その席から何もかもがはじまっているのだから、その席以前にさかのぼることはできないのだ。というよりも、その席について語ることがすでに遡源《そげん》の第一歩なのである。スクリーンで展開される世界だけが存在しつづけていく。その裏面はない。それだけだ。そして、そのスクリーン上の出来事は、すべて記憶であり痕跡（何かのではない、痕跡だけの〈痕跡〉）にすぎない。これがわれわれのあり方だろう。われわれは、けっして、みずからの背面をみることはできない。

この世界が記憶という偶然的な能力によって恣意的にしか存在していないのであれば、なぜ存在があるのかという問は無効になるだろう。なにもないという可能性もあったのだから。つまり、九鬼周造のいう「離接《りせつ》的偶然」のなかの選択肢の過半が、何もない世界だという可能性もあるのだから。

九鬼の「離接的偶然」について短く説明しよう。偶然の諸相をつきつめると、最終的にこの世界の存在全体の偶然性にいきつく。われわれがいるこの世界は、ほかのおおくの可能性（おおくの「離接肢」、つまり、「または」で結ばれる選言による可能性）があったにもかかわらず、なぜか、あらわれた。この世界の成立は、必然的なものではなく根源的な偶然による。これが、九鬼のいう「離接的偶然」だ。

われわれの世界は記憶というもろい能力によってかろうじて成立しているのだから、この観点にたてば、「離接的偶然」におけるほかの選択肢のほとんどが、〈無〉であってもおかしくないのではないか、ということである。記憶による世界の成立がひじょうに稀《まれ》なことなのであれば、ほかの離接肢は、ほとんどが〈無〉である可能性が高いだろう（もちろん可能性なので、いろいろな可能性がかんがえられるだろうし、おなじ〈無〉であれば、それらは、複数の可能性にはならないのだが）。

するど問はこうなる。なぜ何もないのに（あるいは、「有無以前」なのに）、存在という幻があらわれているのか。いいかえれば、なぜ記憶などという厄介なものが存在してしまったのか。いままでの論述で、「われわれはなぜ生きているのか」という問に答えることができたのだろうか。わからない。

なぜならわれわれは、記憶という幻の世界をたゆたっているだけで、まだ〈生きてなどいない〉のかもしれないのだから。

おわりに

最初にのべた「生きることの前進性」について、最後にふれてみたい。たしかにわれわれは、一見、前進しているようにみえる。しかしこの状態は、いままで論じてきた観点からすると、たんに記憶という〈痕跡のみの痕跡〉によるスクリーン上の幻のようなものになった。つまり、われわれの世界は、時間が流れているというよりも、いわば〈いま・ここ・わたし〉における記憶という装置による映像だということになるだろう。そうなると、われわれの生は、「前進」しているというよりも、「前面」のスクリーンをひたすら眺めているといった方が、適切な比喩になるのかもしれない。

そして、スクリーン上で繰りひろげられるあちら側（実在世界）ばかりがみえ、こちら側（わたし）については、かいもく見当もつかない。こちら側が、どこからはじまっているのか、何がどうなっているのかわからないということになるだろう。たしかに映画の内容は、大変おもしろいので、そのこと自体には、さほど不満はない。むろん生きることは、とてつもなく面倒ではあるけれども。ただ、なぜ〈わたし〉が、このような映画をみつづけなければならないのか、だれも教えてはくれないし、どこにも答の手がかりすら見当たらない。手がかりのヒントさえも、そのヒントの痕跡さえも……。

ようするに、この視点（〈わたし〉）があることが、とても不思議なのだ。これさえなければ、何の問題もなく〈無〉なのに。前面に向かわざるをえないこの視点というのは、いったい何なのか。視点の中心が「現在」だとすれば、この中心は、一度も姿をあらわさない。つねに（とは、いったいどういう意味なのか）スクリーンには、遅れた（とは、本当はいえない）映像が切れ目なしにつづいていく。視点だけ存在しているのであれば、この映像は、（おそらく）存在しないだろう。たんなる〈無〉だ。それなのに、何かが進行していく。このことにたいする根本的な疑問が、「われわれはなぜ生きているのか」という問いかけだった。

こういった視点があり、かつその視点が記憶という余計な属性をもつために、この世界は存在しているかのような様相を呈しつづける。しかし、記憶だということがわかっているために、ひじょうに居心地が悪い。直接の現在とは接することが原理的にできず、痕跡のみを提示されているようなものだからだ。ただ、本当は、そのことさえもたしかではないのだが。このような事態によって、いわば、自分ではどうにもできない「隔靴《かっか》掻痒《そうよう》」感をかんじてしまう。〈そこ〉（本物の足）には、けっしてたどりつけないし、このような構造自体の理由がまったくわからないからである。

この視点のもつ「前面性」こそが、始源の空間化がうまれるための、いわば萌芽《ほうが》的条件といえるだろう。しかし、なぜ、「前面性」の背後にある、この中心がわかるのか。この中心が〈わたし〉だと、なぜわかるのだろうか。この中心以外に、べつの中心があるからだろうか。〈どこで〉わかっているのだろうか。〈どこ〉ということができない「ところ」だろうか。ようするに、このようなあり方自体を俯瞰《ふかん》する地点が、〈どこか〉にあるのかという問だ。この前面性の裏側をさかのぼっていけば、無限に遡源《そげん》できるだろう。しかし、どこにもたどりつけないのは、あきらかだ。

やはりここにも、空間がでてきてしまう、「どこ」までも。「前面性」は、前面に空間がひらけ、何かがはじまる、というものだった。そして、そのことによって、われわれの最初の問が起動してしまうのだ。はっきりしているのは、それだけだろう。さかのぼってみても、何もでてくることはないだろう。

前面性のドラマにとらわれるからこそ、空間が、そして答のない問が登場してしまう。われわれは、どうしても前面に空間をしつらえてしまうのである。これが、空間化の始まりだといえるだろう。背面へのヴェクトルはない。背面へ「向かう」と、それは前面になり、そこでおのずと同様の空間化がおこるのだろう。こうして背面は、生成したとたんに消滅してしまう。マイナスは、マイナスのまま登場することはない。かならずプラスとして（空間として）あらわれるのだ。もちろん背面はある。しかし、それを前面でとらえることは絶対にできない。

このことをべつのいい方で表現すれば、構造的にわれわれには、未来への空間性というべきものがあるといえるだろう。未来は、まったくの〈無〉であり、レヴィナスもいうように「絶対的他者」なのに、そこへ向かってしまうのだ。このとりつく島のない〈無〉へ、どうしても身を傾けてしまう構造が、われわれにはあるといえる。

ベルクソンはいっていた。

（わたしの現在が）わたしの未来を侵食しているというのは、この現在の瞬間が傾いているのは未来にたいしてであり、わたしが目指すのも未来だからだ。わたしが、この不可分の現在を、時間曲線のこの無限小の要素を固定できるのは、それが指し示すのが、未来の方向だからである。

(MM153)

これは、未来という(〈無〉の)空間があるかのような錯覚をもたざるをえないわれわれのあり方だ。これは、〈いま〉という地点にすでに存在してしまったというとりかえしのつかない事実の一表現だともいえるだろう。自分の背後にはけっしてまわることができず、ただただスクリーンをみつづけることしかできない。そして、時間は流れていないにもかかわらず、「未来」なる空間を創りつづけるわれわれ。これが「前面的なあり方」だといえるだろう。

しかも、そのスクリーンには、記憶という幻、つまり〈痕跡とはいえない痕跡〉しか映っていない。もちろん、それが痕跡だということもじつはわからないのだが。これが、ようするに「生きる」ということだ。このことに、「なぜ」という問いかけをすることに、ほんの少しでも意味があるのだろうか。意味はあるだろうが、この問の答が、どうしても手にはいらない仕組みになっているのではないだろうか。痕跡のなかで、真のあり方を探ることは、どこまでいっても「手遅れ」になるのではないのか。

われわれは、言語化したとたんに無意味な空間を創りだす。ベルクソンが指摘した「空間化」だ。どうしても逃れられない恐ろしい、第二の「隔靴掻痒《かっかそうよう》」がここにはあるといえるだろう。この観点からすれば、「われわれはなぜ生きているのか」という問は、「われわれはなぜ生きているのか」という問には、実はなっていないことになる。この問とその内容とは、かぎりなく遠い。〈何か〉を表現すると、その〈何か〉から、かならず離れてしまうからだ。「われわれはなぜ生きているのか」という問は、〈何〉を意味しているのだろうか。

前述したように、われわれは「生きてはいない」。いやむしろ、生きていることを確認できない、といった方がいいのかもしれない。生きているかどうか定かではない、生きていることを確認もできないような存在が、「なぜ生きているのか」という問いかけをするのは、おかしいだろう。しかも、その問は、いわんとすることをおそらく表現できてはいない。まず、われわれは、生きていることを確認しなければならないのではないのか。

このような構造になっているかぎり、どんな存在だろうが、生きている意味などわからない。生きているかどうかさえわからないのだから、問を立てることなど思いもよらないからだ。この状態、この二重の「隔靴掻痒」感を、われわれはけっして言語化できないのだ。どのような状態かわからないのだから、そもそも問を立てることさえできない。できたとしても、それは記憶による痕跡の、さらにその言語化になるのだから、二重に遅れていることになるだろう。二度も空間化にさらされるというわけだ。

角度をかえて、絶対と相対という視点からかんがえてみよう。たとえば、こういういい方ができるだろうか。絶対が相対の世界によって自らを確認しようとし、記憶という装置をつかって、相対的世界が存在しているかのようにみせかけた。あるいは、無が記憶によって有をつくり、みずからが無であることを知る、と。「無」が心底嫌いなベルクソンにいわせれば(『創造的進化』の第四章の「無」にたいする執拗《しつよう》な批判をみればわかるだろう)、これは、たんなることばあそびだ。それはよくわかる。しかし、記憶に覆われているこの世界に、何かが存在していると本当にいえるのだろうか。実際には、無だけがあるのではないのか。つまり、何もないのではないか。存在そのものの根拠は、どこにもないのだから。

このようにかんがえるとわれわれは、記憶によって、無の世界があたかも有の世界として存在しているかのように思いこむために生きていることになるのか。このことにどんな意味があるかは、まるでわからない。なぜなら、当の〈わたし〉は、その記憶の世界にどっぷりつかっているのだから。

しかも、こうした思考も、これらすべての文章も、相対的世界の化け物である言語によってなされ、つづられている。そんな状態なのだから、何かがわかるなどということがおこるはずがない。絶対は、空間化を徹頭徹尾こばむ。そうなると、相対的な言語によるこの問は、生きてしまっている地点から問うている、どうにでも解釈できる事後的な問にすぎないことになるだろう。

言語における現在時制は、それ自身で矛盾した時制だ。〈わたしはここにいる〉という事態は、「わたしはここにいる」と表現した時点とは、あきらかにことなるからだ。「わたしはここにいる」という文は、それ自体で矛盾しているといえるだろう。ようするに、〈わたしはつねにここにいる〉のだから、「わたしはここにいる」といった時点では、わたしは、すでにここにはいないからだ。表現の時点とその内容とは、つねにずれる。

この構造を変えることはけっしてできない。「われわれはなぜ生きているのか」という問は、根本的に遅いのだ。そして、この遅れは、絶対的にとりかえしがつかないのである。つまり、この問に答えることは、原理的に不可能だということになるだろう。しかし、すでにわれわれは問を発してしまっている。このことを、どうかんがえればいいのだろうか。

さらに角度をかえてみよう。われわれは、時の流れを前提にした問の立て方をしている。あるいは、空間の存在を前提にしているともいえるだろう。「われわれはなぜ生きているのか」という問は、原因がさきにあり、そのあとで結果があるという時間の系列を前提にしているし、〈生きている〉という空間的営為を前提にしているからだ。

いままでの記述を強くとれば、われわれは、空間に存在しているわけではない。というのも空間とは、記憶による連続体（空間を構成するもろもろの事物）の幻想だからだ。しかし、そのような幻想であるにもかかわらず、おおくの「空間」的なものにわれわれはとりかこまれている。〈いま・ここ〉という言い方自体、空間化された時間そして空間そのものにとらわれていることのあかしだろう。

この地点（この語も空間に毒されている）は、〈いま・ここ〉などではない。〈無〉、あるいはより正確には、〈有・無〉以前の〈なにか〉だろう。前面性を捨て、時空（空間化一般）から離れれば、〈ある・ない〉とはかかわらないことになるのだろうか。つねにゼロ（「地点」とはいえない〈ゼロ〉そのもの）にいつづけることになるのか。つまり、「われわれはなぜ生きているのか」と問わずにすむのだろうか。しかし、それでもふたたび問うことになるだろう。われわれは、なぜ、このようなあり方をしているのか、と。

そう、結局はおなじことなのだ。問のかたちが変わっただけで、事態は何も変わらない。つまり、いろいろ論じたにしても、われわれはここにこうして生きている。あるいは、どこともいえないところで、われわれは、まだ生きてもいない。このことは一向に変わらないではないか。そして、〈わたし〉は、このような事態になぜなったのか、その理由を知りたいだけだったのだ。

ベルクソンという哲学者の営為によりそってみても、そして最終的には、この哲学者とは、まったく反対の結論に達したにしても、とどのつまりが、元の木阿弥《もくあみ》ということなのだろうか。残念ながら、そうみとめざるをえない。

どのようにして、この事態を打開すればいいのか。この袋小路から脱出する手法は存在するのだろうか。〈いま・ここ〉にいるかぎり、あらゆる角度から、この事態にいどみつづけなければならないだろう。

われわれは、なぜ生きているのか。

わたしはふたたび、この最初の問にもどってしまった。

主要参考文献

複数回引用した文献については、最後の（　）のなかに略記号を記した。その記号を、本文の引用箇所の末尾に挿入している。幾種類もの翻訳を大いに利用させていただいたが、地の文との兼ねあい、語句の好みなどによりおおくの部分を変更した。訳者の方々に深甚なる謝意を表したい。引用箇所の数字は、原書のページ数である。ベルクソンの著書については、*Le Choc Bergson* (La première édition critique de Bergson sous la direction de Frédéric Worms, Quadrige/PUF）も参考にした。

Bergson, Henri　*Essai sur les données immédiates de la conscience*, Quadrige/PUF, 1985（DI）
（『時間と自由』平井啓之訳、白水社、１９７５年）
（『時間と自由』中村文郎訳、岩波文庫、２００１年）
（『意識に直接与えられたものについての試論——時間と自由』合田正人・平井靖史訳、ちくま学芸文庫、２００２年）
（『意識に直接与えられているものについての試論』（『新訳ベルクソン全集　１』）竹内信夫訳、白水社、２０１０年）
Matière et mémoire, Quadrige/PUF, 1985（MM）
Matière et mémoire, Felix Alcan, 1910
（『物質と記憶』（『ベルグソン全集　２』）田島節夫訳、白水社、１９６５年）

（『物質と記憶』合田正人・松本力訳、ちくま学芸文庫、２００７年）
（『物質と記憶　身体と精神の関係についての試論』（『新訳ベルクソン全集　２』）竹内信夫訳、白水社、２０１１年）
L'énergie spirituelle, Quadrige/PUF, 1985（ES）
（『精神のエネルギー』宇波彰訳、第三文明社、１９９２年）
（『精神のエネルギー』原章二訳、平凡社ライブラリー、２０１２年）
Durée et Simultanéité, Quadrige/PUF, 1968（DS）
（『持続と同時性』（『ベルグソン全集　３』所収）花田圭介・加藤精司訳、白水社、１９６５年）
La Pensée et le mouvant, Quadrige/PUF, 1985（PM）
（『思想と動くもの』（『ベルグソン全集　７』）矢内原伊作訳、白水社、１９６５年）
（『思想と動くもの』河野与一訳、岩波文庫、１９９８年）
（『思考と動き』原章二訳、平凡社ライブラリー、２０１３年）
Derrida, Jacques　*La voix et le phénomène*, PUF, 1967
（『声と現象』高橋允昭訳、理想社、１９７０年）
（『声と現象』林好雄訳、ちくま学芸文庫、２００５年）
Deleuze, Gilles　*Le Bergsonisme*, PUF, 1968
（『ベルクソンの哲学』宇波彰訳、法政大学出版局、１９７４年）
本田裕志『ベルクソン哲学における空間・延長・物質』晃洋書房　２００９年
市川浩『ベルクソン』講談社学術文庫　１９９１年

石井敏夫『ベルクソンの記憶力理論――『物質と記憶』における精神と物質の存在証明』理想社　２００１年
木村敏『時間と自己』中公新書　１９８２年
三宅岳史『ベルクソン　哲学と科学との対話』京都大学学術出版会　２０１２年
守永直幹『未知なるものへの生成　ベルクソン生命哲学』春秋社　２００６年
中島義道『「時間」を哲学する』講談社現代新書　１９９６年
中村昇『いかにしてわたしは哲学にのめりこんだのか』春秋社　２００３年（IT）
　『小林秀雄とウィトゲンシュタイン』春風社　２００７年
　『ホワイトヘッドの哲学』講談社選書メチエ　２００７年
西田幾多郎『善の研究』（全注釈　小坂国継）講談社学術文庫　２００６年
大森荘蔵『流れとよどみ』産業図書　１９８１年
清水誠『ベルクソンの霊魂論』創文社　１９９９年
末木剛博『東洋の合理思想』講談社現代新書　１９７０年
渡辺慧『時』河出書房新社　２０１２年
渡辺由文『時間と出来事』中央公論新社　２０１０年
Wittgenstein, Ludwig　*Tractatus logico-philosophicus*, Suhrkamp Taschenbuch Wissenschaft, 1984（『論理哲学論考』野矢茂樹訳、岩波文庫、２００３年）

あとがき

二年前久しぶりに入院をした。手術後、音も光もない夜の病室で、幼いころからいだいている問にふたたびもどろうと心にきめた。向こうの世界にいくときは、どうせ手ぶらなのだから、〈ここ〉では、いちばん知りたいことにもう一度専心すべきだ。いままで時間をかなり無駄にしてしまったとおもった。

そのころ、ベルクソン論にすでにとりかかっていたから、相手はきまっている。アンリ・ベルクソンという偉大な哲学者だ。この人に、まっすぐ挑めばいい。「偉大な」という形容詞は、掛け値なしだ。ひとつひとつの作品に、じゅうぶん時間をかけ、余計なことは一切いわない（生前でた七冊の本以外の刊行を禁じた遺言にさからって、「余計なこと」を後世の人がしたけれども）。九鬼周造が「回想のアンリ・ベルクソン」という随筆で活写したように、七〇歳まぢかの病身でスペイン語を習得しようとする努力の人ベルクソン。むずかしい単語は、これっぽっちもつかわず、複雑なこの宇宙をものみごとに解析していく。どの角度からみても、この哲学者は完璧ではないか。

しこりのようにもっている問のために、高校のころから、哲学だけではなく、ルドルフ・シュタイナーも、クリシュナムルティも、仏教も、その他おおくの本をよんだけれども、どうしてもわからない。〈ここ〉で、こうしていることの意味がまったくわからなかった。だから初心にもどって、ベルクソンに問いかけてみたのだ。結果は、御覧の通りである。

　この本の話を頂いたのは、一〇年ほど前、当時選書メチエにいらした井上威朗さんからだった。その後、上田哲之さんにお世話になった。ずいぶん時間がかかったものだ。前著『ホワイトヘッドの哲学』のときもそうだったが、哲学出身の上田さんの読みは、じつに正確無比で、最初の読み手として（地上）「最強」である。心から感謝したい。

　この無明《むみょう》の世界に送りこんでくれた父と母に、本書を捧げる。

二〇一三年一二月

中村　昇

ベルクソン＝時《じ》間《かん》と空《くう》間《かん》の哲《てつ》学《がく》

二〇一四年 一月一〇日第一刷発行
二〇二二年 七月二六日第四刷発行

著者 中《なか》村《むら》 昇《のぼる》

発行者 鈴木章一
発行所 株式会社 講談社
東京都文京区音羽二丁目一二―二一 〒一一二―八〇〇一
電話（編集）〇三―三九四五―四九六三
（販売）〇三―五三九五―四四一五
（業務）〇三―五三九五―三六一五

装幀者 奥定泰之
本文データ制作 講談社デジタル製作
本文印刷 株式会社 新藤慶昌堂
カバー・表紙印刷 半七写真印刷工業 株式会社
製本所 大口製本印刷 株式会社

KODANSHA

ISBN978-4-06-258570-5 Printed in Japan N.D.C.100 231p 19cm

講談社選書メチエ　刊行の辞

書物からまったく離れて生きるのはむずかしいことです。百年ばかり昔、アンドレ・ジッドは自分にむかって「すべての書物を捨てるべし」と命じながら、パリからアフリカへ旅立ちました。旅の荷は軽くなかったようです。ひそかに書物をたずさえていたからでした。ジッドのように意地を張らず、書物とともに世界を旅して、いらなくなったら捨てていけばいいのではないでしょうか。

現代は、星の数ほどにも本の書き手が見あたります。読み手と書き手がこれほど近づきあっている時代はありません。きのうの読者が、一夜あければ著者となって、あらたな読者にめぐりあう。その読者のなかから、またあらたな著者が生まれるのです。この循環の過程で読書の質も変わっていきます。人は書き手になることで熟練の読み手になるものです。

選書メチエはこのような時代にふさわしい書物の刊行をめざしています。

フランス語でメチエは、経験によって身につく技術のことをいいます。道具を駆使しておこなう仕事のことでもあります。また、生活と直接に結びついた専門的な技能を指すこともあります。

いま地球の環境はますます複雑な変化を見せ、予測困難な状況が刻々あらわれています。

そのなかで、読者それぞれの「メチエ」を活かす一助として、本選書が役立つことを願っています。

一九九四年二月　　野間佐和子

講談社選書メチエ　社会・人間科学

MÉTIER

日本語に主語はいらない　金谷武洋
テクノリテラシーとは何か　齊藤了文
どのような教育が「よい」教育か　苫野一徳
感情の政治学　吉田　徹
マーケット・デザイン　川越敏司
「社会《コンヴィヴィアリテ》」のない国、日本　菊谷和宏
権力の空間／空間の権力　山本理顕
地図入門　今尾恵介
国際紛争を読み解く五つの視座　篠田英朗
中国外交戦略　三船恵美
易、風水、暦、養生、処世　水野杏紀
「こつ」と「スランプ」の研究　諏訪正樹
新・中華街　山下清海
ノーベル経済学賞　根井雅弘編著
俗語発掘記　消えたことば辞典　米川明彦
氏神さまと鎮守さま　新谷尚紀
日本論　石川九楊
「幸福な日本」の経済学　石見　徹
危機の政治学　牧野雅彦
主権の二千年史　正村俊之
機械カニバリズム　久保明教
養生の智慧と気の思想　謝心範

新刊ニュースはメールマガジン　→https://eq.kds.jp/kmail/